U0511360

公法的基础理学

唐 [某]

公法的法理学

翟志勇 著

商务印书馆
The Commercial Press

翟志勇

清华大学法学博士，哈佛大学东亚法律研究中心访问学者，现任北京航空航天大学法学院副教授，社会法研究中心主任。著有《从〈共同纲领〉到"八二宪法"》。

历史法学的公法转向

周林刚

志勇是我的同门师兄，为师兄的作品作序，是我莫大的荣幸，也是在当前情势下事出有因的替代办法。志勇的文字平实，清澈如水，却有一股不可抗拒的动人力量。他似乎拥有一种让事理本身开口说话的本领。就此而言，这篇序言恐怕是多余的，甚至还可能因为晦涩而带来不必要的障碍。但我仍然愿意冒险，简略地谈谈这部文集的整体性。当我读完文集最后一篇的时候，这个整体性跃然而出。它由一个学术史论题、一个法律哲学论题和一个政治哲学论题所构成。

照我的理解，"公法的法理学"与此前曾经流行一时的部门法哲学，没有任何关系。它的目的，不是为了在一个特定法律部门发展出一种能够自立门户的理论话语，而是为了把历史法学发展成为一种能够涵盖整个法律领域的一般法律哲学。志勇有一个基本的判断，就是萨维尼的历史法学基本上是一种以（包括刑法在内的）

私法为对象的理论，公法或国家法被整个地排除在法学的范围之外。结果，历史法学实际是私法的法理学。志勇曾经把历史法学在中国的发展——尤其以《历史法学》系列丛刊为代表的理论努力——理解为历史法学政治成熟的过程，其具体的含义就是，这一发展实现了历史法学的公法转向。在本文集中，志勇一方面指出，将公法排除在法学的范围之外的做法是危险的；另一方面从思想史的角度，肯定了孟德斯鸠在公法的历史法学研究方面所具有的开创性意义。

不过，要在孟德斯鸠和萨维尼之间建立起某种具有理论意义的联系，或者在这部文集中有关政体问题的篇章和有关萨维尼的篇章之间发现某种内在的统一性，以便我们有充分的理由，用同一个"历史法学"的名称来称呼二者，需要更深入地思考甚至推测萨维尼拒绝国家法学的原因。萨维尼在他讲授法学方法论的课程中，明确把国家法排除在法学的范围之外，同时又建议国家法的研究也应该遵循私法学成熟的方式方法。公法学后来的发展的确是以类似的方式实现的。换言之，萨维尼排除公法学的做法，是当时法律科学现状的反映。那时还不存在关于公法的法律科学。这是否意味着，假如萨维尼生在一个公法科学成型甚至发达的时代，他的历史法学就不会局限于私法，而会涵盖整个法律领域呢？

问题恐怕没有这样简单。在萨维尼看来，国家法的研究以现实存在的状况为前提（实证主义），而从法学的角度看，这个"现实存在的状况"就其而言乃是某种专断的意志（因为法学把国家看作"一个人格"）（意志主义）。这两个方面合在一起，使得对国家法的研究无法具有（私）法学那样的科学品性。研究一个专断的意志，根本上是一种逐水草而居的游牧过程，"极有可能，明日之法，或会全然迥异乎今日之法"。这种专断的属性并不会因为采用了"科学"方法的形式而发生实质的改变。如果国家法学借鉴法学的科学方法加工其材料，那么，它的"科学性"也将仅仅存在于国家意志懈怠之处、忽略之处，或任何以消极方式存续的领域。"法学作为科学的无价值性"，在萨维尼这里具体地意味着国家法学作为科学的无价值性，尽管它具有重要的实用意义。萨维尼之所以对自然法理论痛加批判，原因之一就在于，以不变的理性法则为对象的自然法理论（特别是沃尔夫那种法典形式的自然法），实际上同制定法实证主义形成了合谋，共同把国家的专断意志抬进了神龛，而把社会的法律生活献给了祭坛。自然法学盛极而衰，恰恰是由于它完成了这项"历史功能"。

在萨维尼论说的语境下，法学的"科学性"是由两个方面共同构成的：一方面是法学方法的科学性，另一方面是它的研究对象自身的某种性质，根据这一性质，它恰好能够同科学方法对它的"处理"相协调。国家法这个对象在当时的历史特征，才是萨维尼将国家法学阻挡在法学范围之外的决定性根据，因为这个对象（萨维尼写作时的那个普鲁士国家）在基本原理上排斥科学的探究。康德曾在他探讨国家与法律的著作中提出一个"禁令"，说人们不得以付诸实践为目的对国家权力的起源进行艰深微妙的探讨，"好像它要求人们对之予以服从的权威尚是可疑似的"。显然，这条"禁令"也是指向特定的而非一般而言的国家的。只有某些特定的国家形式，才经不住对其"起源"，也就是对其正当性根据的探究；这也就是说，只有在某些特定的国家形式中，科学的历史研究才会威胁到政治权威的存续。君主制的国家无法在其历史起源之处找到国家法领域的基本原理原则。相反，在那里人们将遇到第一个僭主。这一"起源"可能会得到装扮和神化，或者发明出另外形式的历史话语，例如绝对主权论。绝对君主，无论其历史起源如何，在概念上就是对任何法的原理的否定。绝对权力相当于一个能生万物的"无"，它万能的特征出自它本质的空洞性。它实际上是一个"禁区"，拒绝君王的臣民们自由进入。这就意味着，这种类型的国家法，无法贯彻历史法学的历史方法；而哲学的或体系的方法则由于上面已经提及的原因（专断和任意），也不能得到贯彻。

萨维尼把（私）法学看待国家的方式（"一个人格"）当作法学与国家法学之间的关键区别。在私法领域，法并不是单个意志的产物，而是民族共同市民生活的产物。在这个领域中主张民族历史的连续性，同国家法领域不同。它无非指那种相互之间以伙伴关系自由交往的生活的延续，哪怕是在战火或灾变的重大干扰之后。因为只要和平再临，自由的伙伴生活再次开始，那种共同的市民生活也就再次开始。但不是从无到有的那种重新开始，而是累积的再次开始。也就是说，它得以幸存，得以延续。对于萨维尼来说，动荡的游牧式生活与稳固的在地生活之间，差别巨大。两种生活方式之间的继替将构成真正意义的断裂。其原因在于，法的关系依托于"稳固的在地性"（unmoved locality）。德意志民族在结束了辗转流徙的动荡生活，占据"一个稳固而恒久的位置"之后，才有了自身法律生活的定型化和发展。据他说，在此之前的那些古老事物，就在产生这些古老事物的动荡机器中被自我革除了。这样，罗马法之进入德意志民族的法律生活，颇有些"乘虚而入"的意味。萨维尼以此为历史法学的罗马派辩护。对我们来说重要的是，私法实际上是一个不可被任意操纵的对象。

法学家及其法学也只是共同市民生活的平等的参与者。他们可能的权威是共同协力的产物。

以此作为参照，国家法学要获得科学性，单单凭借精益求精的方法论是不够的。它还决定于它的研究对象，也就是整个国家法领域自身取得某种固有的稳定性。在此种稳定性之中，国家法学的科学性与政治性将是同一的，因为凭借共同的最高法律，法学家像每一个组成主权的成员一样，能够就国家法问题提出独立的主张。假如他还拥有一些不同的权威色彩，那也将是"技术要素"的表现，是他在同侪那里得到证据支持的卓越能力。在法律实证主义尤其是纯粹法理论把方法与对象切割开来之后，法学的对象领域也就是实际的法律运作，成了"价值判断"和"政治"，从而同科学方法割裂了开来。公法学家们似乎已经养成了一种思维习惯（也许是高级而微妙的习惯）。他们觉得，法学的品格可以由方法的科学性独自构成，而无论对象自身的特性（因为任何对象都可以抽象成某一科学所适合的形式）。法学就好比一张滤网和一台容器，可以用来处理任何摆到他们面前的素材。由于形格势禁，我们的公法学当然试图运用这种单调的科学性把自己上升为"纯理论"（虽然事实上是下降为方法论的同义反复）。然而，出于形势的策略可能会产生久假而不归的效果。于是公法学

有可能变得像弥尔顿笔下万魔殿里的玛门所感叹的
那样：

> 我们所受的刑具，时长日久，
> 也会变成我们的元素，这些灼人的
> 火焰，也会从严峻变为温柔，
> 它们的性质会同我们的性质融合，
> 灼痛的感觉也必定会消除。

　　国家法学需要经历一个类似行政学发展为行政法学
的过程，与之呼应的实际上是立宪政治对专制权力予以
驯化的过程。顺便一提的是，那位做过美国总统的宪法
学家伍德罗·威尔逊曾坦率地（或许是过于坦率地）说
过，行政学乃是专制权力的产物，是奴役的知识。回到
萨维尼，我们看到，不仅研究对象，甚至他推崇备至的
罗马法学家们的方法，也被认为是在共和国的自由时代
奠基的，即使帝制时代早期，宪制更迭，也在很长时期
内对共同的市民生活没有很大干扰。他在论述法律从民
族的共同意识向政治要素与技术要素的分化状态发展的
模式时指出，在政治要素对法律的影响方面，不同的宪
制有不同的效果，共和政体较之专制君主，能够保持更
为持久的影响。不过，这些段落往往点到即止；与其说

它们述说了什么，不如说它们是一些意味深长的沉默，就像画中的巨幅留白。他在相关议题上如此显著的克制，使我倾向于认为，在萨维尼这些惜字如金的段落里，存在一个有意识地被隐藏起来的国家法论题。

在解释了历史法学与公法学之间关系的学术史论题之后，我们就能理解作为法律哲学的第二个论题：公法的历史法学具体意味着什么？这个论题的线索要到历史法学的历史方法那里去找。从萨维尼对历史法学已经给出的表述来看，历史方法要求在研究法律问题时，追溯到它的历史源头，以便发现根本的原理原则。起源与原理并举，已经说明这个历史方法的含义要比实证历史科学更丰富。而能够确保历史与原则共同发生的条件，似乎就是共同的市民生活处在"生机勃勃"的时刻。在那样的时刻，彼此之间的共同意识和各个个体的自由意识是圆融无碍的。这样的历史起源并不等同于一个历史事件，而且也比应对某个历史问题的功用思想更为基础。它类似于一个可以反复重启的伙伴关系模型，在不断复杂演进的条件下，被衍生出来的繁复法律材料所遮蔽，以至于需要有分化出来的技术要素的辅助。但技术要素本身也因此而受制于这个原始的伙伴关系模型，因为在这个模型中包含了正义和友爱的生命力。科学方法的目标归根结底在于对这个原始模型的探究。经由历史回到本源，而不是经由历史回到过去。这个本源的生命构成民族自身的生命；民族的力量随着这"活生生的历史意识"的消长而消长。当它被埋入地层之时，法律材料也就成了它的坟墓，民族也进入了她的暮年。从这个角度来说，萨维尼历史法学中"缺失"的那个公法环节，实际就是这个本源的自我意识：宪法是组织起来的伙伴关系，公法的历史法学乃至整个历史法学，都是自由记忆的艺术。它是有关回到本源的技艺。当公民同伴能够在可以理解的意义上，自由进入这个创始的位置，我们就可以说，他们返回到了历史的源头。与现代实证历史学的理解相反，历史法学的历史并不是时间流逝所留下的残余物，而正好是时间流逝的对立物。之所以有事物值得作为"历史"被记录，是因为这些被记录之物具有经受时间流逝的侵蚀而持存的价值。历史书写，就其本意来说，就是对抗时间。这是阿伦特笔下古希腊人的"历史"，也是阿伦特笔下古罗马人的"宗教"。志勇在文集中对人民主权、共和、代议制与宪法爱国主义的研究，表面看来，主要是政治理论的辩驳；即使包含了思想史的维度，也同实证历史学所理解的历史研究关系不大。但他试图为之辩护的那些基本理解，无不与我们刚刚揭示的历史法学之历史息息相关。志勇在文集的最后一篇有力地论证说，宪法爱国主义是一种建国学说。在文本的这个位置和这个时刻，"历史"以最为浓缩的意象和最为激烈的强度绽开。在此前提下，我们才不至于把历史法学与哈耶克式的法律与立法理论相混同。以此为基础，我们不妨说，公法学（尤其宪法学）的初始条件根本不是什么神秘莫测的主权概念，而是宪法学自身首先具备的主权世界之内的公民身份。否则，它将始终只是奴仆的家政学。它负责收集和装扮主人的弃物，而这些弃物既不属于它自己，又为它的主人弃之如敝屣。与其说这是法学，不如说它是起居注意义上的"历史学"。

第三个有关政治哲学的论题在文集中出现得最早，但对它的把握需要放在最后。如果说历史法学属于自由的记忆术，那么这个政治哲学的论题指向的则是自由的开端能力。处在中心的是"大立法者"。用志勇的话讲，大立法者作用的对象是灵魂。或者我们可以概括志勇在解说孟德斯鸠时的用意，说大立法者是在自然必然性的约束下探索人类自由可能性的人物。他既标识出自然的限度，也标识出自由的限度。但这些素描都还远不能把大立法者与通常的立法者区别开来。需要另一个消极的维度，来想象这个大立法者。文集中有关政体的诸篇文章，多多少少提供了这个尺度。根据这个尺度，在权力的层面，大立法者之大，在于他泯然众人的存在方式。他是权力层面的无产者。他以符合灵魂的方式作用于灵魂，以符合自由的方式探索自由，以符合自然的方式对待自然。他是现代"武装的先知"的对立物。马基雅维里所刻画的这个形象，充满了过多的贪欲。当然，这类"武装的先知"从来不会认为自己怀揣的是贪欲；相反，他们听从"责任"的召唤。作为对比，大立法者不是他们当中的一个，而是"小于一"。唯其"小于一"，他才更自由。唯其"小于一"，他就既不在台上，也不在幕后。他是民族共同生活原初状态的"揭发"者和契机。对于他的提问法不同于柏拉图的苏格拉底。也就是说，问题不是他可不可能统治。因为他只是在自己消失了以后才开始统治。或许可以这样说：大立法者是那类把自己编写成代码的人物，而不是那些编写代码来使用的人。这个特征具有最高程度的确定性，确保大立法者的名义不被任何人所僭取。

照我的看法，在上述三个论题及其构成的整体性，与志勇对我国宪法史所做的出色的专题研究之间，存在着一种相互映射的关系。在此意义上，《公法的法理学》可以看成《从〈共同纲领〉到"八二宪法"》一书的导论。

目录

第一章

法律的哲学之维： 柏拉图论立法者

一、 哲人的"制宪会议"

柏拉图在《理想国》中转述了一场发生在傍晚时分的对话，对话从颇为日常化的年老是否幸福开启，很快就转换到了对正义问题的讨论上，最终以灵魂的道路和正义者的报酬结束，时光也从黄昏日落到了黎明破晓。如何理解这场发生在哲人之间的有关正义问题的对话？古往今来的解释绝对是汗牛充栋，《柏拉图〈理想国〉剑桥指南》在"研究书目"中列举了六百多项研究《理想国》的著作、篇章或论文，这些研究从政治学、哲学、心理学、诗歌、宗教、艺术等各个角度细致入微地剖析《理想国》，但其中基本上没有法律哲学方面的研究。[①] 法律学人通常将关注的焦点放在柏拉图的《法律

① 参见 G. R. F. 费拉里编：《柏拉图〈理想国〉剑桥指南》，陈高华等译，北京大学出版社 2013 年版，第 411—441 页。

篇》上，有时也会涉及以法律为讨论对象的《米诺斯》和《厄庇诺米》，殊不知《理想国》同样是一部重要的法律哲学著作。

在《理想国》第二卷讨论护卫者的教育时，苏格拉底就开始提醒阿德曼托斯，"你我都不是作为诗人而是作为城邦的缔造者在这里发言的"（379A）①，在随后讨论统治者的立法工作时，苏格拉底再次强调了他们作为城邦缔造者的身份（427C），与之相应的是经常出现的对于他们立法者身份的强调。苏格拉底时刻提醒格劳孔和阿德曼托斯注意他们谈话的身份，他们既不是具体教育内容的撰写者，也不是城邦内部普通的立法者，他们是超越于城邦的城邦缔造者，他们正在言辞中创建一个理念的城邦，虽然这个城邦在现实中很难实现，但也不是不可能的。在此意义上，《理想国》中的对话可以被视为一场哲人的"制宪会议"：苏格拉底、格劳孔和阿德曼托斯等人以城邦缔造者或者立法者的身份在言辞中创建理念城邦，并为城邦制定根本大法。

整场对话是一场哲人的"制宪会议"，同时也是所制定的法律的实践过程。最主要的对话者格劳孔、阿德

---

① 本章引用《理想国》文本时只在引文后括号内注明编码，译文基于商务版《理想国》（郭斌和、张竹明译，商务印书馆1986年版），同时参照华夏版（王扬译注，华夏出版社2012年版）。

曼托斯是以异议者的身份参与"制宪会议"的，他们在第二卷开始发起了对正义的质疑，虽然他们声称这并非他们的真实想法，但他们以及其他对话者实际上代表了苏格拉底的法律所要治理的对象。随着对话的深入，他们通过苏格拉底的"劝勉"逐步接受了苏格拉底的正义观，这不仅意味着这场"制宪会议"的成功，也意味着苏格拉底所制定的法律是有效果的。"格劳孔和阿德曼托斯竟《理想国》全篇，也没有以哲学家的形象出现，甚至最终也没有成为哲学家。但是他们接受了哲学的统治，而且完全是出于理性的原因，从而成为柏拉图在公共领域中最为典范的读者。"①

连格劳孔、阿德曼托斯乃至色拉叙马霍斯都接受了苏格拉底的法律，其他人也同样可以。

对话的主题是正义问题，从克法洛斯的正义就是"欠债还债"（331E），到玻勒马霍斯的正义就是"助友害敌"（336A），再到色拉叙马霍斯的正义就是"强者的利益"（338C），在苏格拉底依次反驳了这三种正义观

---

① 哈维·尤尼斯：《〈理想国〉中的劝勉》，载 G. R. F. 费拉里编：《柏拉图〈理想国〉剑桥指南》，陈高华等译，北京大学出版社2013年版，第28—29页。

之后，正义是什么仍悬而未决。① 从第二卷开始，在格劳孔和阿德曼托斯的一再请求下，苏格拉底开始了漫长而艰难的正义探索之旅。这个探索过程的基石就是城邦与灵魂的类比，"以大见小"地透过城邦的正义来反观个人的正义，从而使得城邦与灵魂成为贯穿整部著作的复调线索。虽然在方法论上，苏格拉底通过城邦的正义来寻找灵魂的正义，但在本体论上，由于城邦就是大写的个人（灵魂），城邦的正义本质上是灵魂正义的投射，没有灵魂的正义，也就没有城邦的正义。"正义首先被认为是灵魂统摄一切的才能，或者'美德'，确定地说，正义首先关涉到的，完全不是一个人外在的、社会或政治的行为，而是他的'内在活动'。"② 于是问题出现了，这场哲人的"制宪会议"究竟是在为城邦立法，还是在为灵魂立法？

进而言之，对话的主题虽然是正义问题，但在第二卷开始，阿德曼托斯将雅典人败坏的正义观归咎于雅典

---

① 现在的柏拉图研究基本上认为，《理想国》第一卷原本是一篇单独的对话，属于早期"追寻定义而不可得"的对话，篇名很可能就是《色拉叙马霍斯》，在写作《理想国》时被修改为第一卷。参见尼柯尔斯：《苏格拉底与政治共同体》，王双洪译，华夏出版社 2007 年版，第 46—47 页；弗里德兰德：《〈王制〉章句》，载刘小枫选编：《〈王制〉要义》，张映伟译，华夏出版社 2006 年版，第 54—59 页。

② 克吕格：《〈王制〉要义》，载刘小枫选编：《〈王制〉要义》，张映伟译，华夏出版社 2006 年版，第 5 页。

教育的失败，自此教育成为正义之外的另一核心主题。无论是第二卷和第三卷中护卫者的音乐教育和体育教育，还是第六卷和第七卷中培养哲学家的所谓"最大的学习"，也就是在算术、几何、天文、乐理之上的辩证法教育，教育问题的讨论贯穿《理想国》始终。那么教育问题与正义何干？教育问题又与立法者的工作何干？也正是教育问题的引入，使得诗歌与哲学、诗人与哲学家的争论成为另一条贯穿始终的线索。

本章将《理想国》视为一场哲人的"制宪会议"，从立法者的角度重新思考《理想国》的创造意图和核心命题，对《理想国》进行法律哲学阐释，并借此在一般意义上探讨谁是人类真正的立法者，神、哲人、政治家、法学家抑或其他？立法者的核心工作是什么？制定外在行为规范还是为灵魂设定尺度？在论述的方法上，本章将《理想国》本身视为一部完整的法典，仅在《理想国》文本内对这个问题进行体系性和融贯性阐释，仅在必要时才涉及柏拉图在《理想国》之外的其他论述。

二、灵魂与城邦

城邦与灵魂的类比是苏格拉底探讨正义问题的基

石，也是理解整部《理想国》的核心。① 这里需要特别指出的是，城邦类比的引入是为了阐明个人灵魂正义问题，因此它一开始就具有某种从属性。苏格拉底认为有城邦的正义，也有个人的正义，前者就像大字，后者就像小字，因此可以"以大见小"地通过城邦正义来探讨个人正义。这里立刻就会遇到一个困难，即城邦与灵魂是否具有可类比性，伯纳德·威廉姆斯从分析哲学的角度出发，彻底否定两者的可类比性，② 但更多的学者为类比的合理性进行辩护，如先刚认为分析哲学"这种解读方法不但忽略了柏拉图的系统严密的思维和收放自如的特殊写作方式，忽略了柏拉图在思想认识和表达上的

---

① 绝大部分《理想国》研究都会涉及城邦与灵魂的类比，中外学界都有直接以城邦与灵魂为书名的研究《理想国》的专著，由此可见这对类比关系的重要意义。例如王玉峰：《城邦的正义与灵魂的正义——对柏拉图〈理想国〉的一种批判性分析》，北京大学出版社2009 年版；G. R. F. Ferrari, *City and Soul in Plato's Republic*, Sankt Augustin, 2003。

② 参见伯纳德·威廉姆斯：《柏拉图〈理想国〉中城邦和灵魂的类比》，聂敏里译，《云南大学学报（社会科学版）》2010 年第 1 期。对这篇文章的批评性讨论，参见聂敏里：《〈理想国〉中柏拉图论大字的正义和小字的正义的一致性》，《云南大学学报（社会科学版）》2010 年第 1 期；易刚：《对威廉姆斯关于〈理想国〉意义类比规则和整体-部分规则相互冲突的论证的初步探讨》，《世界哲学》2011 年第 2 期；吴天岳：《重思〈理想国〉中的城邦-灵魂类比》，《江苏社会科学》2009 年第 3 期。

取舍，而且把'论证'理解为一种非常偏狭的证明方式"①。本章并不触及这场争论，而是接受这个类比在一定程度上的合理性。因为"在《理想国》中，苏格拉底为正义辩护的整体论证结构都受宰于城邦与灵魂的类比，也正是为了使得真正的结论看起来更加显眼，而牺牲了一定的精确性（368d—e）"②。这种牺牲并不影响我们从整体上透过城邦与灵魂的类比来理解《理想国》的核心命题。

苏格拉底从城邦的起源和发展来探究城邦正义问题，并且反复强调如此才能够发现正义与不正义是如何产生的（369A、371E、372E、376D、420B、427D）。人们基于互助的需求，产生了社会分工合作，诞生了自然的城邦和自然的正义。但格劳孔认为自然的城邦只能满足人的基本生存需求，简直就是"猪的城邦"（372D），他希望建立一个"繁华城邦"，或者"发高烧的城邦"（372E），在这样的城邦中，欲望不断地被满足也不断地被放大，当欲望不能完全满足时，战争爆发了，不正义

---

① 先刚：《柏拉图的本原学说——基于未成文学说和对话录的研究》，生活·读书·新知三联书店 2014 年版，第 382 页。

② 哈维·尤尼斯：《〈理想国〉中的劝勉》，载 G. R. F. 费拉里编：《柏拉图〈理想国〉剑桥指南》，陈高华等译，北京大学出版社 2013 年版，第 20 页。

产生了。为了重建正义，城邦中出现政治分工，护卫者和统治者阶层相继出现，当手艺人、护卫者、统治者阶层各安其分、各司其职时，城邦获得了统一和秩序，正义城邦得到重建，被破坏的自然正义重建为基于教育和法律的政治正义。

这个关于城邦起源和发展的论述，显然不是历史真实，它本质上是人的灵魂的一个发展过程，苏格拉底意图让人们看清楚不正义是如何因欲望的扩张而产生的，也正是基于此，苏格拉底揭示了城邦与灵魂的结构相似性。与城邦中手艺人、护卫者、统治者三分类似，灵魂也分为三个不同的组成部分，即欲望、激情、理智。手艺人对应着灵魂中的欲望，负责生产；护卫者对应着灵魂中的激情，负责守卫；统治者对应灵魂中的理智，负责治理。当欲望、激情和理智各安其分、各司其职时，灵魂达到了正义。苏格拉底不仅强调城邦的智慧源于个人的智慧，城邦的勇敢源于个人的勇敢，城邦的节制源于个人的节制，因此城邦的正义源于个人的灵魂正义；而且，苏格拉底特别强调："真实的正义确是如我们所描述的这样一种东西。然而它不是关于外在'各做各的事'，而是关于内在的，即关于真正本身，真正本身的事情。这就是说，正义的人不许可自己灵魂里的各个部分相互干涉，起别的部分的作用。他应该安排好真正自己的事情，首先达到自己主宰自己，自身内秩序井然，对自己友善。"（443D）因此，不仅城邦正义源于灵魂正义，而且灵魂正义才是真正的正义。"通过这种由显而易见的外在事物回溯到隐而不显的内心的方法，灵魂自身就获得了一副具有政治秩序形象的外表：发端于政治的问题变成了作自己主宰的人有什么样的内在秩序的问题。"① 灵魂成为一种"内在的城邦"，这是城邦与灵魂的结构相似性的基础，揭示出城邦的灵魂学与灵魂的城邦学的统一。诚如沃格林所言："人和城邦具有类似的结构，并非出于偶然，而是出于某个原则。这个原则柏拉图只是以比喻或推论的方式提到，并没有给以专门的名称，它就是：城邦就是大写的人。"②

在第八、九卷探讨不正义问题时，城邦与灵魂的类比再次被运用，几乎无处不在，最为深刻地体现了城邦与灵魂之间的关系。苏格拉底依然强调城邦的从属性："有多少种不同类型的政制就有多少种不同类型的人们性格。你不要以为政治制度是从木头里或石头里产生出来的。不是的，政治制度是从城邦公民的习惯里产生出

---

① 克吕格：《〈王制〉要义》，载刘小枫选编：《〈王制〉要义》，张映伟译，华夏出版社 2006 年版，第 11 页。

② 沃格林：《〈王制〉义证》，载刘小枫选编：《〈王制〉要义》，张映伟译，华夏出版社 2006 年版，第 210 页。

来的，习惯的倾向决定其他一切的方向。"（544D）因此，所谓荣誉政体、寡头政体、民主政体和僭主政体，本质上是灵魂的各种不正义状态，而非对现实政治体制的类型学描述。"有关'城邦体制'的理论其实是柏拉图的'灵魂'学说的一个翻版，归根结底，决定城邦的形式和本质的是人的灵魂，所谓的'城邦体制'首先存在于人的灵魂中。"① 因此，所谓的僭主政体，不仅仅指僭主制的城邦，更主要的是指僭主制的灵魂。由于灵魂的不可见性，灵魂的这种腐化堕落过程，只能通过城邦政体类型化及其腐化堕落过程呈现出来。"当苏格拉底从第九卷开始将政体这个术语运用到灵魂上时，这部作品的标题获得了一种惊人的新维度。"② 也就是说，苏格拉底所谓的"理想国"，所谓的"城邦体制"，本质上是一种灵魂内在的城邦，而非现实的城邦。第九卷结尾处的灵魂塑像，最为形象地说明了这个问题。

虽然苏格拉底在第二至四卷和第八、九卷都运用了城邦与灵魂的类比，但运用的方式却有所不同。首先，

---

① 柏拉图：《理想国》，王扬译注，华夏出版社 2012 年版，"译者前言"，第 39 页。
② 诺伯特·布洛斯纳：《城邦—灵魂的类比》，载 G. R. F. 费拉里编：《柏拉图〈理想国〉剑桥指南》，陈高华等译，北京大学出版社 2013 年版，第 322 页。

在第二至四卷中，灵魂的三个组成部分是按照功能划分的，理智、激情和欲望各有各的功能。但在第八、九卷中，灵魂各个部分的功能却变成了内在的驱动力，理智要追求真理，激情要追求荣誉，欲望要追求物质利益。"它们虽未完全脱离自己的独特功能，但是这些功能得以彰显的背景已大为不同。"[①] 其次，第二至四卷中灵魂结构的三分（理智、激情、欲望），在第八、九卷中深化为灵魂结构的五分（理智、激情、必要的欲望、非必要但合法的欲望、非必要且非法的欲望），也就是说在第八、九卷中，欲望被进一步细分为三种不同状态，以此来区分出寡头制、民主制和僭主制。最后，在第二至四卷中是通过城邦的结构类比出灵魂的内在结构，因为城邦可见而灵魂不可见，但在第八、九卷中则主要是通过灵魂内在结构及其秩序的演变来探讨不正义城邦的腐化堕落过程。

苏格拉底曾坦言，城邦与灵魂的类比并不是寻找正义的好方法，这个方法只能在一定程度上初步地探讨正

---

① G. R. F. 费拉里：《灵魂三分》，载 G. R. F. 费拉里编：《柏拉图〈理想国〉剑桥指南》，陈高华等译，北京大学出版社 2013 年版，第 151 页。对这个问题更详尽的分析，参见王玉峰：《城邦的正义与灵魂的正义——对柏拉图〈理想国〉的一种批判性分析》，北京大学出版社 2009 年版，第 84—95 页。

义问题，"解决这个问题的正确方法是一个另外的有着困难而长远道路的方法"（435D），而这个方法出现在哲学家的教育中，那就是"最大的学习"，即对善的理念的辩证法认知（504D—505E）。在第五至七卷中，表面上看城邦与灵魂的类比消失了，但实际上类比的消失是因为城邦与灵魂的双重结构在哲人王身上得到了统一。从第五卷起，苏格拉底开始讨论正义的城邦如何可能实现，他讨论了男女平等、妇孺公有，最后讲道："有一项变动就可以引起所要求的改革。这个变动并非轻而易举，但却是可能实现的。……除非哲学家成为我们这些国家的国王，或者我们目前称之为国王和统治者的那些人物，能够严肃认真地追求智慧，使政治权力与聪明才智合而为一。"（473C—E）哲学王具有双重的身份，他既是城邦的最高统治者，又是看到了善的理念的哲学家，因此他可以将自身灵魂内在的正义秩序复制到城邦之中，或者说在他身上，城邦的秩序与灵魂的秩序是统一的。因此依然需要在城邦与灵魂的关系中来理解第五至七卷，比如男女平等特别是妇孺公有的意图是消灭护卫者和统治者的家庭，从而在城邦与个人之间建立起直接的同一性关系。

正是基于城邦与灵魂的类比，这场哲人的"制宪会议"表面上看是在为城邦立法，但实质上是在为灵魂立法。"对城邦的考察——对话的政治方面——是服务于并从属于考察个人的伦理目标"①，或者说"'个人的'内在灵魂而非城邦更为根本"②。在第九卷结尾处，当格劳孔认为他们在言辞中建立起来的这个理想的城邦在地球上是找不到的时候，苏格拉底回答说："或许天上建有它的一个原型，让凡是希望看见它的人能看到自己在那里定居下来。"（592B）也就是说，他们所建立的城邦存在于天上，也存在于每一个想要看到它的人的灵魂中。"苏格拉底的政体类型学因此是建立在灵魂学而非政治学基础上的。"③ 灵魂的城邦学和城邦的灵魂学构成了理解《理想国》的一个核心点。

从这个角度出发，或许也可以给出《理想国》与《法律篇》关系的新解释。通常认为柏拉图试图在《理想国》中建立一个理想的城邦，但因为这个城邦难以实现，因此退而求其次，在《法律篇》中建立了次好的城邦。但合理的解释似乎是："柏拉图写作《理想国》的动机主要不是政治的，而是伦理的。基于这一观点，美

---

① 诺伯特·布洛斯纳：《城邦—灵魂的类比》，载 G. R. F. 费拉里编：《柏拉图〈理想国〉剑桥指南》，陈高华等译，北京大学出版社2013年版，第304页。

② 克吕格：《〈王制〉要义》，载刘小枫选编：《〈王制〉要义》，张映伟译，华夏出版社2006年版，第6页。

③ 诺伯特·布洛斯纳：《城邦—灵魂的类比》，载 G. R. F. 费拉里编：《柏拉图〈理想国〉剑桥指南》，陈高华等译，北京大学出版社2013年版，第321页。

好城邦就不是要用作设计一个更好社会的指南。相反，柏拉图的政治乌托邦是为了澄清个体灵魂中的正义和德性而作出的一个形而上学设计。"① 《理想国》旨在为灵魂立法，一个理念城邦的善的形式，而《法律篇》却在为现实的城邦立法，现实城邦越接近那个理念就越完善，但永远无法达到完美。《理想国》中的城邦体制指向灵魂的城邦，而《法律篇》中的城邦体制才指向现实中的城邦。诚如布洛斯纳所言："将《理想国》中关于'僭主式的人'的论述与《法律篇》中关于年轻而可教的僭主的论述结合起来是错误的。在《理想国》中，'僭主式'指向一种灵魂的类型；在《法律篇》中，它指向一种政治地位，与灵魂无关。"②

---

① 唐纳德·R. 莫里森：《柏拉图理想城邦的乌托邦性质》，载 G. R. F. 费拉里编：《柏拉图〈理想国〉剑桥指南》，陈高华等译，北京大学出版社 2013 年版，第 208 页。对这个问题的详尽讨论，可参见 J. Annas, *Platonic Ethics*, *Old and New*, Ch. 4, "The Inner City: Ethics without Politics in the *Republic*", Cornell University Press, 1999。

② 诺伯特·布洛斯纳：《城邦—灵魂的类比》，载 G. R. F. 费拉里编：《柏拉图〈理想国〉剑桥指南》，陈高华等译，北京大学出版社 2013 年版，第 319 页。对于《理想国》与《法律篇》的关系及其在柏拉图政治思想中的地位，更详尽的论述参见克里斯托弗·罗：《〈理想国〉在柏拉图政治思想中的位置》，载 G. R. F. 费拉里编：《柏拉图〈理想国〉剑桥指南》，陈高华等译，北京大学出版社 2013 年版，第 32—53 页。

三、 教育与立法

《理想国》第二卷一开始，格劳孔和阿德曼托斯就对苏格拉底发起了新一轮的挑战，他们对色拉叙马霍斯的认输颇不以为然，他们接续色拉叙马霍斯的论辩，并将他们所认为的雅典人的普遍观念理论化成几个哲学命题。格劳孔首先提出了正义与善的三种可能关系，并进而提出他的正义三论：正义的本质只不过是最好与最坏的折中，人们行正义并非出于自愿而是迫不得已，不正义之人比正义之人更幸福（358B—362C）。但是阿德曼托斯对格劳孔的长篇大论不以为然，认为"最该讲的事偏偏还只字未提呢"（362D）。那么什么是阿德曼托斯认为最该讲的呢？格劳孔一再强调，他上述所论并不是他的真实想法，而是雅典民众的普遍观念，阿德曼托斯的发言直指这种普遍观念的来源，雅典人为什么会有如此想法呢？原因就在于雅典教育的败坏，而罪魁祸首就是诗人善恶不分的诗歌和伪神学。

格劳孔和阿德曼托斯的发言对于理解《理想国》至关重要，格劳孔的正义三论将第一卷中所探讨的浅薄的、外在的行为正义转向了个人隐蔽的内在灵魂正义，特别是古各斯的戒指这一神话，直接追问在神所不知、人所不见的情况下，正义如何可能？"当把目光转向内心，把它作为人之为人的决定性方面之后，格劳孔也就触及正义的真正本质了。"[1] 格劳孔的发言设定了全书第一条论证线索，在这之后的内容，基本上是在回应格劳孔的正义三论，第二至四卷旨在回答正义的本质和起源，第五至七卷旨在回答正义如何可能，第八、九卷旨在回答正义的人与不正义的人谁更幸福，第十卷则整体上回应格劳孔和阿德曼托斯的发言，并呼应第一卷所提出的正义问题。

阿德曼托斯的发言直指教育问题，并暗示了诗歌与哲学的斗争，从而为全书设定了第二条论证线索。"如果说阿德曼托斯的发言贯穿着一种信念，即诗人们的危险的神学应对道德危机负责，那么，反对这种神学并因此——显而易见——反对诗歌的斗争，就完全是柏拉图的一个迫切要求，它体现在《王制》的每一个新的插曲中。"[2] 教育问题一直贯穿整个论证过程，无论是第二、三卷护卫者的教育，还是第六、七卷哲学家的教育，以

---

[1] 克吕格：《〈王制〉要义》，载刘小枫选编：《〈王制〉要义》，张映伟译，华夏出版社 2006 年版，第 8 页。

[2] 弗里德兰德：《〈王制〉章句》，载刘小枫选编：《〈王制〉要义》，张映伟译，华夏出版社 2006 年版，第 90 页。

及第十卷前半部分诗歌与哲学的斗争问题。之所以在探讨正义问题时，花费如此之大的篇幅讨论教育问题，是因为在苏格拉底看来，教育关乎正义。而之所以教育关乎正义，恰恰就在于经过格劳孔的不动声色的转化，正义问题首先是灵魂正义问题，而对于灵魂，教育无疑是最大的立法，普通的法律仅仅适用于城邦和人外在的行为，只有教育才能深入灵魂深处。亦如亚里士多德所言："人欲没有止境，除了教育，别无节制的方法。"①如果说整部著作就是一场"制宪会议"，目的是为灵魂立法，那么教育就在本质上承担着立法的功能，为灵魂设定尺度。既往对于《理想国》的讨论，通常更重视格劳孔的发言和正义问题，但实际上阿德曼托斯的发言和教育问题，同样具有重要的意义。

在从"猪的城邦"发展到"发高烧的城邦"后，战争产生了，护卫者阶层出现了。护卫者阶层既是不正义产生的结果同时又是重建正义的中坚力量，因此他们"警犬"一样的品性除了天赋之外，主要依靠教育的培养。以音乐教育培养灵魂中的理智部分，以体育教育培养灵魂中的激情部分，两者相得益彰，才能实现灵魂的

---

① 亚里士多德：《政治学》，吴寿彭译，商务印书馆 1965 年版，第 70 页。

正义，因为在第四卷结尾处，苏格拉底已经通过城邦与灵魂的类比指出，灵魂的正义就是理智在激情的帮助下实现对欲望的统治。在一开始讨论护卫者的教育时，苏格拉底就强调，对教育问题的讨论有助于实现整个探讨目标（376D），也就是正义问题，因为对于灵魂来说，教育是实现灵魂正义的必由之路。

在初步讨论音乐教育和体育教育之后，苏格拉底立刻讨论了教育失败的后果，那就是医生和法官的泛滥。"复杂的音乐产生放纵，复杂的食品产生疾病……一旦放纵与疾病在城邦内泛滥横溢，岂不要法庭药铺到处皆是，讼师医生趾高气扬，虽多数自由人也不得不对他们鞠躬敬礼了。"（404E）这从反面证明了，当灵魂的法律失败了，城邦的法律不可能成功。

对教育问题最重要的讨论是哲学家的教育。"对个人灵魂而言，内在的正义至关重要，尤其是政治上的灾难亟需化解之时。正是为此目的，城邦必须由哲人统治，即必须由那些已经看到内在的正义并立志为其献身的人统治。"① 哲学家是热爱全部真理的人，能够看到事物的真实或理念，而哲学家的培养同样依靠教育，只不

---

① 克吕格：《〈王制〉要义》，载刘小枫选编：《〈王制〉要义》，张映伟译，华夏出版社2006年版，第7页。

过不再是护卫者的音乐和体育教育，而是更大的学习，即对善的理念的认知。在哲学家的教育体系里，音乐和体育教育只是未成年时的初级教育，这之后他们还要接受算术、几何、天文、乐理教育，作为进入辩证法教育的门槛，而辩证法的学习则是认识善的理念的不二法门。

哲学家教育的最终目的是认识善的理念，但苏格拉底坦言善的理念他是讲不清楚的，因此只能通过太阳比喻、线段比喻和洞穴比喻来讲讲善的儿子，类比的方法再次出现，太阳在可见世界的地位，被类比为善在可知世界的地位。在这个探讨中，最为核心的是三个比喻所揭示的灵魂的上升过程，哲学教育的核心是灵魂的转向，朝着善的理念一步一步地向上攀登。"教育在洞穴比喻中直接关系到灵魂的命运，因而显得非常紧迫。教育工程之繁杂表明，转向善是多么地不容易，必须'以整个灵魂'（如同在这个比喻中以整个身体）的转向来实现。"[①] 苏格拉底也坦言，灵魂转向"不像游戏中翻贝壳那样容易，这是灵魂从朦胧的黎明转到真正的大白天，上升到我们称之为真正哲学的实在"（521C）。如此

---

① 克吕格：《〈王制〉要义》，载刘小枫选编：《〈王制〉要义》，张映伟译，华夏出版社2006年版，第36页。

才能在哲学家灵魂中真正建立起理智的统治，实现灵魂内在的正义，整个城邦的正义都寄托于此。

在理解了苏格拉底对教育的讨论之后，就很容易理解他眼中的立法了。"真正的立法家不应当把力气花在法律和宪法方面做这一类的事情，不论是在政治秩序不好的国家还是在政治秩序良好的国家；因为在政治秩序不良的国家里法律和宪法是无济于事的，而在政治秩序良好的国家里法律和宪法有的不难设计出来，有的则可以从前人的法律条例中很方便地引申出来。"（427A）如果立法者不致力于教育问题，而是寄希望于通过立法来实现正义，那么"他们将永无止境地从事制定这类烦琐的法律，并为使它们达到完善把自己的一生都用来修改这种法律"（425E）。因此，城邦的立法者应该更多地关注"国家根本大法"，那就是通过教育在灵魂中建立起来的正义秩序。"苏格拉底不知疲倦不厌其烦地教育青年，因为'教化'可以塑造他的好城邦中的护卫者的灵魂。"[1] 在灵魂中建立起内在的"城邦体制"，是教育最大和最终的目标。

---

[1] 沃格林：《〈王制〉义证》，载刘小枫选编：《〈王制〉要义》，张映伟译，华夏出版社 2006 年版，第 210 页。

四、立法者

如果说这场哲人的"制宪会议"是为灵魂立法，而对于灵魂来说教育又是最大的法律，那么谁掌握了教育谁就是最大的立法者。在《理想国》中，苏格拉底为城邦制定了诸多根本大法，其中有一部分涉及诗歌与神话问题，因为诗歌与神话无疑是教育中的重要内容，因其对灵魂有重大影响，本质上是一种灵魂之法。从这个角度出发，可以更好地理解阿德曼托斯在第二卷开始处的发言，也可以理解贯穿全书的诗歌与哲学的斗争。这场斗争不仅表现为苏格拉底对荷马、赫西俄德等诗人和传统诗歌神学的持续批判，还表现为苏格拉底从哲学的立场出发创造的新诗歌和神学，这也可以解释为什么苏格拉底一边批判诗歌，一边大量使用比喻、传说和神话。"苏格拉底显然对以荷马、赫西俄德为首的诗人所描述的神话世界及其价值观抱着批判态度，但这并不阻碍他本人大量借用、修改或甚至创造新的'神话传说'。"① 苏格拉底认为"哲学和诗歌的争吵是古

---

① 柏拉图：《理想国》，王扬译注，华夏出版社 2012 年版，"译者前言"，第 37 页。

已有之的"（607B），并且"这场斗争是重大的。其重要性程度远远超过了我们的想象。它是决定一个人善恶的关键。因此，不能让荣誉、财富、权力，也不能让诗歌诱使我们漫不经心地对待正义和一切美德"（608B）。

在第四卷讨论城邦统治者的立法工作时，苏格拉底给出了一些基本的立法原则，比如城邦不能太富和太穷，不能太大和太小，依据天赋给每个人恰如其分的工作等。苏格拉底最后对阿德曼托斯说："我们责成我国当政者做的这些事并不像或许有人认为的那样，是很多的苦难的使命，他们都是容易做得到的，只要当政者注意一件大家常说的所谓大事就行了。"（423D）这件大事就是"教育与培养"（423E），这正是前面论述所阐明的，对于苏格拉底来说，教育是最大的立法，教育能够在灵魂中树立起真正合法和有效的秩序。至于各种外在的行为准则，苏格拉底认为："把这些规矩订成法律我认为是愚蠢的，因为仅仅订成条款写在纸上，这种法律是得不到遵守的，也是不会持久的。"（425B）只有这些法律扎根于人的灵魂之中，才能够持久有效。城邦立法者与其永无止境地制定和修改细如牛毛的法律，莫不如致力于教育在人的灵魂中建立起来的真正的法律。①

　　从第二卷护卫者的音乐教育开始，苏格拉底及其对话者作为城邦的缔造者就开始为城邦立法，比如关于音乐教育和体育教育内容和形式的各种法律，比如关于男女平等、妇孺公有的法律，再比如关于哲学家的教育和哲学王的统治的各种法律。对于所有这些立法工作，苏格拉底最后总结道："我们的计划如能实现，那是最善的；实现虽然有困难，但不是不可能的。"（502C）这里暂且不讨论这些法律的具体内容，而是简要回答一下为什么哲学家能够为城邦立法。在苏格拉底看来，哲学家与其他人的区别在于，哲学家是转身走出洞穴，一路向上攀爬看到太阳（善的理念）的人，哲学家掌握了永恒的实在。哲学家从何而来呢？教育的结果。在讨论哲学家的教育问题时，苏格拉底认为，哲学家在教育成长的过程中，会受到各种各样的威逼利诱，因此绝大部分有成为哲学家潜质的人在未成为哲学家之前就败坏了，剩下配得上研究哲学的微乎其微，研究哲学并最终成为统治者的基本上属于神迹。对于他本人，苏格拉底说：

---

① 在批评荷马作为模仿性诗人没有治理城邦的智慧和实践时，苏格拉底曾提到莱库古、哈朗德斯、梭伦这些伟大的城邦立法者（599C—E），但因为没有其他进一步的评论，因此很难判断苏格拉底究竟如何看待这些立法者的立法工作。

"至于我自己的情况则完全是例外，那是神迹，是以前很少有别人遇到过的，或者压根就从来不曾有任何人碰到过的。"（496C）更进一步，苏格拉底认为："哲学如果能找到如它本身一样最善的政治制度，那是可以看得很明白，哲学确实是神物，而其他的一切，无论天赋还是学习和工作，都不过是人事。"（497C）苏格拉底在这里，将哲学提升到了至高无上的位置。

需要从两个方面来理解作为城邦立法者的哲学家。第一，与城邦具体的立法者相比较，苏格拉底作为城邦的缔造者或立法者，实际上是超越城邦的，在整篇对话中我们可以发现，苏格拉底将自己外化于他所建立的城邦。那么其他哲学家也像苏格拉底一样外在于城邦吗？从苏格拉底有关哲学家的教育的论述来看，其他的哲学家是城邦教育的产物，同时也是城邦教育的守护者。他们与苏格拉底的不同之处在于，苏格拉底创造的是一个言辞中的城邦，一个善的理念的城邦，而其他的哲学家则是具体城邦的立法者，是对苏格拉底理念城邦的具体模仿，越接近越完美。第二，苏格拉底不可能生活在他用言辞建立的城邦中，那么苏格拉底是如何成为哲学家的呢？他是如何获得为城邦立法的智慧的呢？苏格拉底在此处遇到了一个论证上的困境，因此他只能将一切归之于神明。

下面再来看看作为法律的诗歌和神话。生动形象的神话线索贯穿整部《理想国》，从古各斯的戒指到腓尼基人的传说，再到厄洛斯死后复生的灵魂之旅。在宽泛的意义上，也可以将接近神话幻想的比喻纳入这条线索，如船长比喻、太阳比喻、线段比喻、洞穴比喻以及灵魂塑像等。这条线索完整地展现了苏格拉底对诗歌所塑造的传统神话的批判，以及经过哲学改造后的新神话的建立。"无论是谈及国家的成长还是它的堕落，柏拉图都没有作为一个博学的历史学家或社会学家发言，而是作为从神那儿获得灵感的人在发言。"①

　　在第四卷讨论完城邦的立法问题后，苏格拉底说已经没有什么还需要我们来做，但特尔斐的阿波罗还有"最重大最崇高最主要的法律要规定"。什么法律呢？就是"祭神的庙宇和仪式，以及对神、半神和英雄崇拜的其他形式，还有对死者的殡葬以及安魂退鬼所必须举行的仪式。这些事是我们所不知道的，作为一个城邦的建立者的我们，如果是有头脑的，也不会把有关这些事的法律委诸别的解释者而不委诸我们祖传的这位神祇的"（427C）。从叙述的脉络上看，这是建立城邦的最终环

① 弗里德兰德：《〈王制〉章句》，载刘小枫选编：《〈王制〉要义》，张映伟译，华夏出版社 2006 年版，第 161 页。

节，在这之后，苏格拉底便对格劳孔和阿德曼托斯说："你们的城邦已经可以说是建立起来了。"（427D）也就是说，苏格拉底将城邦建设的最后工作交给了神明，将神明放到了至高无上的位置，以示他的敬神。这同时也就意味着神话在苏格拉底的理念城邦中的特殊意义，由于神明不会直接对城邦发话，因此神话就建立起神明与城邦之间的联系，神话如何书写、谁来书写就变得至关重要。在讨论统治者的哲学教育时，那个最大的学习就是对善的理念的认知，而深不可测的善的理念，不禁让人联想到神，特别是苏格拉底将太阳比作善的儿子时，"特尔斐的阿波罗"似乎再次出现。因此可以做一个新柏拉图主义的解释，对善的理念的认知实际上就是对神的虔敬，只不过此处的神不是诗人笔下的神，而是哲学家笔下的神。

在第二卷讨论音乐教育的内容时，苏格拉底花了大量篇幅讨论神的问题，极力批判以荷马和赫西俄德为代表的诗人的神话书写，因为在他们的笔下，这些神明丑恶不堪、善恶不分，败坏了雅典人的德性。苏格拉底认为神话必须表现出神之所以为神的本性，于是他为诗人新的神话书写制定了两条法律：第一，"神是善的原因，而不是一切事物之因"（380C）；第二，"讲故事、写诗歌谈到神的时候，应当不把他们描写成随时变形的魔术师，在言行方面，他们不是那种用谎言引导我们走上歧途的角色"（383A）。一切神话书写必须遵循这两条基本的法律，如此才能使城邦护卫者成为敬畏神明的人。

除了为神话书写立法，苏格拉底还在《理想国》中大量使用神话传说和各种各样近似于神话想象的比喻，特别是腓尼基人的传说和厄洛斯神话。① 腓尼基人的传说出现在第三卷结尾处，在叙事脉络上位于遴选出城邦统治者之后，苏格拉底将腓尼基人的传说称为"高贵的假话"，并特别强调首先务必使统治者自己相信（如果可能的话），如果不能使统治者相信，至少要使城邦里的其他人相信。为什么要强调务必使统治者相信这个"高贵的假话"呢？腓尼基人的传说讲了三个层次的内容：第一，所有的人都是大地母亲所生，是一家人，必须团结一致、捍卫城邦；第二，老天在锻造他们的时候，在不同的人身上分别加入黄金、白银和铜铁，从而使他们成为城邦统治者、护卫者和手艺人，城邦存在天然的等级差别；第三，这个差别不是固定的，金父生银

① 按照张新刚博士的研究，苏格拉底的神话书写不仅是对诗人的批判，同时也是对智术师的批评。新神话将城邦建立在净化的灵魂之上，从而超越了诗人代表的传统习俗和智术师的"自然"。参见张新刚：《灵魂不朽与柏拉图的新神话》，《世界哲学》2011 年第 2 期，第 123—137 页。

子，银父生金子，错综变化，不一而足，因此必须根据每个人的禀赋将其放到恰如其分的位置上。"从大地中诞生表明人类有统一的共同的母亲，金属各有不同表明人类是多种多样的，这正是柏拉图创建理想国的思想基础。"① 腓尼基人的传说阐述了城邦和灵魂的天然秩序。为什么首先要使统治者相信呢？因为他们已经从神明处得到了金银并藏于灵魂深处，因此不再需要人世间的金银了。"世俗的金银是罪恶之源，心灵深处的金银是纯洁无瑕的至宝。"（414B—417B）

厄洛斯死后复生的灵魂之旅，更是以极端戏剧化的方式道出了灵魂的道路和正义者的报酬。在讨论厄洛斯神话之前，苏格拉底做了两个铺垫，一个是再次讨论诗歌，一个是论证灵魂不朽。第十卷的前半部分再次回到了诗歌，苏格拉底显然并不打算将全部诗歌驱逐出城邦，他只是否定模仿性诗歌，因为模仿性诗歌不但远离真实，而且专门与灵魂中低贱的部分打交道。"实际上我们是只许可歌颂神明的赞美好人的颂诗进入我们城邦的。如果你越过了这个界限，放进了甜蜜的抒情诗和史诗，那时快乐和痛苦就要代替公认为至善之道的法律和

---

① 弗里德兰德：《〈王制〉章句》，载刘小枫选编：《〈王制〉要义》，张映伟译，华夏出版社 2006 年版，第 113 页。

理性原则成为你们的统治者了。"（607A）只有将模仿性诗歌驱逐出城邦，才能为苏格拉底的新神学腾出位置。[①]而新神学的建立，需要新的灵魂观。苏格拉底简单论证了灵魂的不朽，以便彻底认识灵魂的真相。"但是，为了认识灵魂的真相，我们一定不能像现在这样，在有肉体或其他的恶和它混在一起的情况下观察它。我们必须靠理性的帮助，充分地细看它在纯净状态下是什么样的。"（611C）纯净状态下的灵魂，也就是抽离掉灵魂中激情和欲望的部分，专注于爱智的部分。"爱智成分是神圣的、不死的；其他成分则是会朽的，只是出于身体的需要才将它们聚合起来。"[②]苏格拉底并用海神格劳卡斯因身上覆盖了一层贝壳、海草和石块而本相尽失，来

---

① 其实，苏格拉底的新神话在很大程度上是对荷马和赫西俄德的神话的改写或重书，按照大卫·奥康纳的说法，柏拉图在《理想国》中以三个维度深入描写剧中的角色，即逻辑之维、伦理之维、神话之维。"当苏格拉底和格劳孔再次漫步荷马的'冥界之旅'，当苏格拉底和阿德曼托斯返回赫西俄德的'克罗诺斯的黄金时代'，柏拉图为对话中的逻辑分析和伦理剧情，加上了一个轻声低语的神话噪音，一个从被流放的古希腊教育先驱的回声中建构出来的噪音。"详尽的分析参见大卫·奥康纳：《重书柏拉图戏剧中的诗人角色》，载 G. R. F. 费拉里编：《柏拉图〈理想国〉剑桥指南》，陈高华等译，北京大学出版社 2013 年版，第 55—83 页。

② G. R. F. 费拉里：《灵魂三分》，载 G. R. F. 费拉里编：《柏拉图〈理想国〉剑桥指南》，陈高华等译，北京大学出版社 2013 年版，第 152 页。

类比灵魂被无数的恶糟蹋的样子。

厄洛斯神话讲的正是灵魂在纯净状态下的道路抉择。人死之后，灵魂不灭，但首先要接受审判，正义的上天享福，不正义的下地受罚。千年之后，这些灵魂将面临新的命运选择，每个灵魂都可以自由地选择未来的道路，选择的结果令人惊奇，大多数灵魂的善恶出现互换，前世循规蹈矩并在天上走了一趟的灵魂，却选择了最大的僭主的生活。苏格拉底对此的评论是："他的善是由于风俗习惯而不是学习哲学的结果。"（619D）其他的选择也毫无理智，例如阿伽门农由于自己受的苦难而怀恨人类，因此选择了鹰的生活。俄尔菲死于妇女之手，痛恨一切妇女而不愿再生于妇女，因此选择了天鹅的生活。他们由于灵魂中爱智的部分不追求真理，在决定未来命运的时候做出了错误的抉择。苏格拉底不动声色地将他的哲学纳入神话之中，或者说他讲述了一个哲学的神话，而非诗歌的神话。

苏格拉底最后总结道："灵魂是不死的，它能忍受一切的恶和善。让我们永远坚持走向上的路，追求正义和智慧。这样我们才可以得到我们自己的和神的爱，无论是今世活在这里还是在我们死后（像竞赛胜利者领取奖品那样）得到报酬的时候。我们也才可以诸事顺遂，无论今世在这里还是将来在我们刚才所描述的那一千年的旅程中。"（621C）如果说教育是灵魂最大的立法，那么神话就构成了一种特殊的教育类型，因而也是一种特殊的法律。厄洛斯神话正是为纯粹状态下的灵魂所立的根本大法，也就是坚持走向上的道路，追求正义和智慧。苏格拉底的理想国既是建立在言辞上的，也是建立在神话上的，两条线索必须统一起来，而它们的结合点正是为灵魂立法。①

在这场诗歌与哲学的斗争中，无疑以哲学的胜利而告终，哲学的胜利并不意味着诗歌被彻底清除出城邦，而是诗歌得到了哲学的净化，亦如城邦得到了净化一样。苏格拉底为神话的书写制定法律，自己也亲自创造新的神话，自此哲学家取代了诗人，成为神与人之间的信使。神作为终极立法者，经由哲学家发声。

---

① 参见斯蒂芬·哈利韦尔：《灵魂的生死之旅：厄尔神话疏解》，载 G. R. F. 费拉里编：《柏拉图〈理想国〉剑桥指南》，陈高华等译，北京大学出版社 2013 年版，第 386—393 页。

第二章

法律的社会之维： 孟德斯鸠论法的精神

一、 启蒙时代的百科全书

孟德斯鸠与伏尔泰、卢梭合称法国启蒙运动的"三剑客"，为现代世界的诞生提供了思想资源，即便今天仍然有着巨大的影响。我们虽然不能简单地说三个人及其著作谁高谁低，但如果一定要做个评价，诚如法国当代学者、巴黎第四大学教授洛朗·韦尔西尼所言："如果说，这些为世人指路的贤哲也有高下之分，那么，《论法的精神》是所有法国启蒙思想家的著作中最具天赋的一部。"① 这部著作涉及历史、地理、政治、法律、经济、宗教、社会等等诸多方面，为后世的诸多学科进行了开创性的研究。启蒙时代的学者大多是百科全书式的人物，研究没有学科界限，不像现在的学者画地为

---

① 参见洛朗·韦尔西尼为《论法的精神》写的《导言》，载孟德斯鸠：《论法的精神》，许明龙译，商务印书馆 2016 年版，第 41 页。

牢。但孟德斯鸠和这本《论法的精神》，可以说是百科全书中的百科全书。在正式解读这本书之前，我们还需要先了解一下孟德斯鸠本人及其写作这本书的时代背景。

首先要说的是，孟德斯鸠这个名字其实并非他真实的姓名，孟德斯鸠的真实名字是夏尔·德·色贡达，孟德斯鸠这个名字最初是个地名，意指一座贫瘠的荒山，如今站在孟德斯鸠这个地方，还能望见一座荒凉的小山，山顶上有一座古堡的残迹。那么这个小地名是如何成为伟大思想家的名字的？这要从孟德斯鸠的高祖说起。夏尔的高祖曾担任过纳瓦尔国王亨利二世及其女儿冉娜的宫廷总管，忠心耿耿，尽心尽力。冉娜继承王位后，购买了孟德斯鸠这块土地，赐给了孟德斯鸠的高祖，以示褒奖。

夏尔的曾祖则担任亨利四世的宫廷侍从，亨利四世就将孟德斯鸠这块土地封为男爵领地，从此孟德斯鸠这个名字就成为男爵封号。夏尔的祖父娶了波尔多高等法院院长的女儿为妻，从而获得该法院庭长职务。可惜夏尔的父亲早年投身行伍，虽战功卓著，但英年早逝。夏尔的伯父继承了孟德斯鸠男爵的封号和波尔多高等法院庭长之职，但夏尔的伯父不幸失去了唯一的儿子，因此去世之后，将男爵封号和庭长职位转给了夏尔，夏尔从此成为孟德斯鸠男爵，并从 1714 年 2 月 24 日开始担任波尔多高等法院的推事，也就是法官，1716 年 7 月 13 日升任庭长。用今天的话来说，孟德斯鸠是典型的官 N 代和富 N 代，但孟德斯鸠对当官发财完全没有兴趣。

孟德斯鸠早年就读于巴黎附近一所教会学校，学校注重培养学生在人文传统和历史哲学方面的学识，这为孟德斯鸠后来的研究打下了基础。但孟德斯鸠在这里同时了解到笛卡尔，开始对自然科学感兴趣。孟德斯鸠最早的学术志向是物理学，牛顿是他的偶像。孟德斯鸠年轻时加入了波尔多科学院，这个科学院主要致力于自然科学研究，孟德斯鸠写过多篇物理学、医学、地理学方面的论文。但从 1709 年开始，孟德斯鸠频繁参加巴黎学术界的社交活动，平均每半个月一次，一度成为朗贝尔夫人沙龙和中二楼俱乐部的常客。这两个文人沙龙当时聚集了巴黎各界名流，包括一些在巴黎逗留的英国名流，比如著名思想家博林布鲁克。或许正是在巴黎的学术社交活动，促使孟德斯鸠放弃了自然科学研究，转向了人文社会科学研究。

1721 年，孟德斯鸠 32 岁时匿名出版了著名的书信体小说《波斯人信札》，借两个在巴黎游历的波斯人之口，批评路易十四的专制统治。虽然是匿名发表，但很快公众就知道是孟德斯鸠写的。因为有影射的嫌疑，各种检举控告纷至沓来，不过孟德斯鸠也因此获得巨大的声誉。1728年孟德斯鸠因出版《波斯人信札》当选法兰西学院院士。不久之后，孟德斯鸠卖掉了法院庭长的职务，用所获钱财在欧洲各国游历，最后到达了英国，并在英国居住将近两年时间。游历的目的是考察各国的风土人情和法律政治制度，拜会著名的学者、官员、艺术家等各界名流。孟德斯鸠在英国时多次拜会威名远扬的英国王后，王后是牛顿和洛克两位伟大人物的保护者，对哲学十分关心，非常欣赏孟德斯鸠的著作。

游历后孟德斯鸠回到故乡拉布莱堡住了两年，创作了《罗马盛衰原因论》，并于1734年出版。孟德斯鸠认为，帝国和个人一样有成长、衰老直至死亡的过程，罗马的历史蕴含着这样一种内在的变迁机制。《罗马盛衰原因论》再次获得巨大的成功，但对于孟德斯鸠来说，这只是为他那部不朽之作开辟的一条小道而已。早在孟德斯鸠写作《波斯人信札》时，已经开始为撰写《论法的精神》收集材料了。经过长达20年的撰写，1748年孟德斯鸠出版了《论法的精神》，一时洛阳纸贵，两年之内就印刷了22版。

这个撰写过程是非常艰难的，孟德斯鸠夫子自道："我多次提笔撰写这部著作，又多次搁笔。我多次让清风把已经写就的书稿带走，我每天都觉得写书的手再也抬不起来了。"[①] 特别是到了晚年，孟德斯鸠几乎是双目失明，完全靠助手特别是自己的女儿的帮助进行写作，这本著作的完成，几乎耗尽了孟德斯鸠的全部心血。但书的出版并未给孟德斯鸠带来太多喜悦，孟德斯鸠生活在一个书报审查极其严格的年代，这本书刚一出版，就受到了来自国王和教会的双重攻击和审查，孟德斯鸠为此特地撰写了《为〈论法的精神〉辩护》和《向神学院提交的回答和解释》，但这仍未能避免这本书被教会列为禁书。

那么这本书到底写什么了，以至于会遭到如此对待？从这本书的副标题中可以略知一二。这本书有个超级长的副标题"或论法律与各类政体、风俗、气候、宗教、商业等等之间应有的关系，附作者对罗马继承法、法兰西诸法以及封建法的最新研究"。你不要觉得奇怪，那个时代，书名冗长是惯例，比如伏尔泰的名著《风俗论》的全名就是《论各国风俗和精神以及从查理曼到路易十三历史上的主要史实》。

这本书还有个题记——"无母而生的孩子"，据法

---

① 孟德斯鸠：《论法的精神》，许明龙译，商务印书馆 2016 年版，"序"，第 5 页。

国学者研究，孟德斯鸠这个题记可能有两个用意：其一是《论法的精神》是一部没有先例的著作，属于横空出世；其二是孟德斯鸠曾向一位友人说过，撰写一部伟大的著作，既需要父亲，也需要母亲，也就是说，天才和自由均不可或缺。但是，他只有前者，却没有后者。

那么孟德斯鸠所谓的法和法的精神是什么呢？孟德斯鸠说："从最广泛的意义上来说，法是源于事物本性的必然关系。就此而言，一切存在物都各有其法。上帝有其法，物质世界有其法，超人智灵有其法，兽类有其法，人类有其法。"[1] 这个界定中有两点特别重要，一个是事物本性，一个是必然关系。这实际上否定了法来源于上帝或某种神秘莫测的抽象之物，或者说否定了中世纪占主导的自然法传统，表明了孟德斯鸠要从事物的本性中来探究法及其精神。

孟德斯鸠将法律区分为自然法和人为法。自然法就是人在社会组成之前接受的法，按照重要性，自然法包括和平、温饱、两性亲近以及在社会中共同生活的愿望。你看，中世纪占主导的自然法，被孟德斯鸠降低为这么几项基本的原则。人类组成社会之后，就要受人为

---

[1] 孟德斯鸠：《论法的精神》，许明龙译，商务印书馆 2016 年版，第10 页。

法的约束，包括调整国与国之间关系的万民法、调整治人者与被治者之间关系的政治法以及调整全体公民之间关系的公民法。因此，所谓法的精神不是指自然法的精神，也不是指自然法为人为法提供的精神，而是指人为制定的法的精神。这一点在今天看来稀松平常，但在启蒙时代具有革命性意义，因为整个中世纪，法律首先是上帝之法。

讲完什么是法律，再说一下什么是法的精神。孟德斯鸠有一大段的描述，因为法的精神是本书的核心，因此有必要完整地引述一下：

> 各种法律应该与业已建立或想要建立的政体性质和原则相吻合，其中包括借以组成这个政体的政治法，以及用以维持这个政体的公民法。法律还应该顾及国家的物质条件，顾及气候的寒冷、酷热或温和，土地的质量，地理位置，疆域大小，以及农夫、猎人或牧人等民众的生活方式等等。法律还应顾及基本政治体制所能承受的自由度，居民的宗教信仰、偏好、财富、人口多寡，以及他们的贸易、风俗习惯等等。最后，各种法律还应彼此相关，考虑自身的起源、立法者的目标，以及这些法律赖以建立的各种事物的秩序。必须从所有这些方面去审

视法律。

所有这些关系构成了法的精神，也就是这本书要讨论的全部问题。简单来说，法的精神存在于法律与各种事物可能发生的关系之中。正因为如此，孟德斯鸠在全书中论述了法与政体、气候、土壤、贸易、货币、人口、宗教等等事物之间的关系。也正因为如此，全书内容庞杂，可谓是百科全书，中译本的正文就有八百多页。以至于很多人认为全书结构混乱，认为孟德斯鸠思维混乱。

孟德斯鸠开篇就有个自我辩护，他说："我有一个请求，但又怕得不到允准，那就是不要仅仅翻阅了寥寥数页就对这部花费了二十年心血的著作妄下断言，受到赞许或贬斥的应该是整部著作，而不是其中的某几句话。想要探明作者的意图，也只有读完整部著作才能发现。"[1] 是的，孟德斯鸠说得没错，如果就细节而言，很多内容是站不住脚的，因为在那个时代，获取资料的手段是非常有限的，比如，孟德斯鸠对中国的了解只能借助传教士的记录。因此这本书必须整体性阅读，必须理

---

[1] 孟德斯鸠：《论法的精神》，许明龙译，商务印书馆 2016 年版，"序"，第 3 页。

解细节写作所要服务的那个总的目标，也就是在法与各种事物的关联中展现的法的精神。接下来笔者将分别从法与政体、权力分立、气候土壤、贸易宗教等方面阐述孟德斯鸠所论述的法的精神。

二、 政体的性质和原则是最高的法

孟德斯鸠所谓法的精神，就是法与其他事物之间的关系，其中最重要的是法与已经建立或将要建立的政体的性质和原则的关系。一言以蔽之，政体的性质和原则是最高的法。

孟德斯鸠在第二章开篇直截了当地说："政体有三种：共和政体、君主政体、专制政体。即使是学识最浅薄的人，他们所拥有的观念也足以发现这三种政体的性质。"[①] 孟德斯鸠并未进一步解释为什么政体有三种，但我们大致可以从他阐述的政体的性质来推测。那就先来看看政体的性质吧。共和政体的性质是全体人民或部分人民掌握最高权力的政体，当全体人民掌握最高权力时也可以称之为民主政体，当部分人民掌握最高权力时也

---

① 孟德斯鸠：《论法的精神》，许明龙译，商务印书馆 2016 年版，第 17 页。

可以称之为贵族政体，也就是说共和政体实际上包含两种形态，即民主政体和贵族政体，他们的共同之处实际上是相对于君主政体而言的，也就是不是由一个人掌握最高权力，所以称之为共和。

再说说君主政体的性质，大家可能会想，这个太简单了，我们中国人最熟悉的就是君主政体了，"普天之下，莫非王土，率土之滨，莫非王臣"。我初次读的时候也是这么想的，但孟德斯鸠恰恰不是这么想的，这就是孟德斯鸠比我们伟大的地方。孟德斯鸠说，君主政体是由一个人依照固定的法律执政的政体。什么法律呢？是那些确立贵族、僧侣、城市特权的法律，大家都知道英国历史上的大宪章吧，就是这样的法律，这些法律在赋予贵族自由和特权的同时，限制了君主的权力。孟德斯鸠说君主政体的性质由中间的、从属的和依附的权力构成，而贵族的权力是最天然的中间和从属的权力，贵族在一定意义上成了君主政体的本质，君主政体的准则就是：没有君主就没有贵族，没有贵族就没有君主，但有一个暴君。你看，说得多好啊！

为什么我们和孟德斯鸠理解的君主政体会有差异呢？那是因为我们惯常理解的中国的君主政体是郡县制下的君主政体，基本上是没有贵族这个中间阶层的；而孟德斯鸠讲的君主政体是封建制下的君主政体，贵族阶层反而成为君主政体的本质了。没有中间阶层的君主政体，马上就会成为我们接下来讲的专制政体。

专制政体的性质是什么？是一个人单独执政，但既无法律又无规则，全由他的个人意愿和喜怒无常来处理一切。孟德斯鸠对专制政体毫无好感，他举了一个例子来解释什么是专制主义："路易斯安那的未开化人想要果子的时候，就把果树从根部砍倒，然后采摘。"① 怎么样，这个解释到位吧，专制主义就是有权、任性，而且是赤裸裸地。

讲完各种政体的性质了，那么政体的性质与法律有什么关系呢？简单来说，一个国家政体的性质决定着这个国家的基本法，用现代的话来说，决定着这个国家的宪法，有什么样的政体就有什么样的宪法。举例来说，在民主政体中，全体人民掌握最高权力，那全体人民如何行使最高权力呢？主要是通过选举，因此在民主政体中，有关选举权的法律就是最重要的基本法。谁投票、投给谁、如何投、就什么事情投等等，这些问题决定了一个政体是否为真正的民主政体。

再比如君主政体，前面讲过，君主政体的特殊性质

---

① 孟德斯鸠：《论法的精神》，许明龙译，商务印书馆 2016 年版，第 74 页。

是有一个中间的、从属的和依附性的权力，而贵族权力是最天然的中间权力，因此君主政体的基本法就是那些维护贵族等中间阶层权力的法律，如果在一个君主政体中废除领主、僧侣、贵族和城市的特权，这个政体立即就会变成平民政体或专制政体。这下你应该明白为什么孟德斯鸠一上来就讲政体了吧？因为政体就是我们今天所谓的宪制——最高的法。

孟德斯鸠为什么讲完政体的性质后，还要讲政体的原则呢？性质和原则有什么区别呢？用孟德斯鸠的话说，性质决定政体，原则推动政体，这就是政体的性质和原则的区别。性质是政体的特殊结构，原则是推动政体的人的情感。政体的性质涉及的是，都有哪些种类的人，他们在国家这个人造的人之内各处于什么位置上，谁是统治者，谁是被统治者。那么政体的原则是什么呢？国家这个人造的人被造好之后，如何能动起来呢？如何维持不毁灭呢？政体的原则就是要解决这些问题的。我们还拿民主政体来说，民主政体是全体人民掌握最高权力的政体，也就是说，全体人民既是统治者又是被统治者，这样的政体如何维系和发展呢？孟德斯鸠说，靠美德，民主政体的原则就是美德。不过孟德斯鸠特别强调，这里所说的美德不是伦理美德，也不是基督教美德，而是政治美德。什么是政治美德呢？就是爱国和爱平等。对于民主政体来说，如果民众之间是不平等的，如果民众不珍爱大家共同建立的国家，那么民主政体是无法维系的。

再看看贵族政体的原则，在贵族政体中，贵族和平民是不平等的，因此要维系贵族政体，贵族必须自我节制，这样才能使得这种不平等不至于危及政体的稳定。即便是在贵族内部，大的贵族也要自我节制，尽量使贵族内部是平等的。所以节制是贵族政体的原则。

君主政体的原则是荣宠，如果你觉得荣宠这个词有点贬义，你可以将其理解为荣誉。要理解君主政体的原则，时刻要记得我们前面讲过，君主政体的特殊性质是有贵族这样的中间阶层存在。荣宠的意思是索求优待和赏赐，因此能激发臣民的能动性，各部分自以为在追求各自的特殊利益，实际上却都向着公共利益会聚。孟德斯鸠因在书中强调美德不是君主政体的原则，荣宠才是，以致书出版之后遭到了围攻。孟德斯鸠生在一个君主国中，竟然说美德绝不是君主国的原则，这岂不是说君主国没有美德，简直是大逆不道啊。孟德斯鸠为此不得不补写一个说明，强调他所谓的美德是政治美德，也就是爱国和爱平等，说美德不是一种政体的原则，并不意味着这种政体中不包含美德，而只是说这种政体的真正动力不是美德。政治美德固然是共和制的推动力，荣宠却也存在于共和制之中；荣宠虽然是君主制的推动力，政治美德却也存在于君主制之中。区别在于谁是政体的主要推动力，只有主要推动力才构成政体的原则。

最后说一下专制政体的原则，那就是畏惧。如果专制君主不高高扬起鞭子，使所有人战栗，那么很快就会被推翻。专制政体以畏惧窒息一切勇气。

简单总结一下，民主政体的原则是美德，即爱国和爱平等，贵族政体的原则是节制，君主政体的原则是荣宠，专制政体的原则是畏惧。前面讲过，政体的性质决定国家的基本法，那么政体的原则与法律有什么关系呢？简单来说，法律必须遵循并维护政体原则，既然民主政体的原则是平等，那么民主政体下的法律就必须以平等为原则，维持并促进平等。贵族政体的法律必须鼓励宽和的精神，防止贵族与平民之间的不平等撕裂共同体。君主政体的法律必须保护贵族，因为荣宠既是贵族之父，又是贵族之子。专制政体则无需太多法律，只要制造恐怖，使人民畏惧即可。孟德斯鸠花费了整整四章的篇幅，详细讨论各种法律如何与政体的原则相适应，我们抽丝剥茧，最终可以说政体的原则就是法律的原则，法律必须以政体的原则作为精神指引。

孟德斯鸠为什么花费这么大的篇幅讨论政体的原则和法律呢？因为每一种政体的腐化几乎都始于原则的腐

化。往往只是一些细节的安排，就会败坏政体的原则，进而导致政体的腐化。仍以君主政体为例，当君主剥夺或减损贵族的特权时，君主政体便开始腐化了，最终走向一人专制政体。孟德斯鸠在波尔多高等法院当法官时，就曾代表所有法官上书法国国王，捍卫法官的特权。孟德斯鸠甚至从传教士的书中引述了一个中国论述，来解释君主政体原则的腐化。"晋朝与隋朝覆亡的原因是，君主们不愿像古人那样只做他们唯一应该做的事，既统领大局，却要事必躬亲。"① 这句话据说出自明代的某位作家。孟德斯鸠进而评述道，当君主事必躬亲，把全国系于首都，把首都系于宫廷，把宫廷系于自己一身时，君主政体就将覆亡。后世的学者大多认为，孟德斯鸠这么讲，实际上是在严厉批评路易十四及其继承人的中央集权政策，无奈当时书籍审查太严格，孟德斯鸠也只能指桑骂槐，借中国说事了。

总而言之，孟德斯鸠根据政体的性质将政体分为共和政体、君主政体和专制政体，其中共和政体又包含民主政体和贵族政体两种形式。政体的性质决定了国家的基本法，用现代的话来说就是宪法或宪制。政体的性质

---

① 孟德斯鸠：《论法的精神》，许明龙译，商务印书馆 2016 年版，第138 页。

是一个国家权力组织形式，而政体的原则是动力机制，法律必须与政体的原则相适应，否则就会败坏政体的原则，进而导致政体的腐化。正是在这个意义上，我们可以说政体的性质和原则是最高的法，这也是孟德斯鸠开篇先讨论政体的性质和原则的根本原因。

三、政治自由与三权分立

上一节讲了政体的性质和原则及其与法律的关系，最终归结为一句话，就是政体的性质和原则是最高的法。这一节讲一下孟德斯鸠这本书中最具影响力的思想，即三权分立。孟德斯鸠的分权思想决定性地影响了1787年美国制宪，直到今天大家只要谈三权分立，孟德斯鸠都是绕不过去的坎。

孟德斯鸠说，所有国家都有一个相同的目标，那就是自我保存，但每一个具体的国家有各自特殊的目标，比如罗马的目标是扩张，斯巴达的目标是战争，中国的目标是安定。但世界上有一个国家很特殊，其政治体制的直接目标是政治自由，那个国家就是英国。我们前面讲过，孟德斯鸠曾前往英国考察英国政体，英国的政治体制是他心目中最理想的政治体制。

可能是受制于写作时的政治环境，孟德斯鸠对政治自由的解释很委婉，他说政治自由是一种心境的平静状态，是享有安全或者至少是自认为自己享有安全。如果我们看他对自由这个概念的解释，就能明白他委婉背后的深意。孟德斯鸠说："在一个国家里，即在一个有法可依的社会里，自由仅仅是做他应该想要做的事和不被强迫做他不应该想要去做的事。"换句说话："自由是做法律所许可的一切事情的权利；倘若一个公民可以做法律所禁止的事情，那就没有自由可言了，因为其他人同样也有这个权利。"① 从这个意义上讲，政治自由就是不受政治强制，并且可以行使政治权利。

在孟德斯鸠看来，政治自由只存在于宽和政体之下，并且只有权力未被滥用时，政治宽和的国家里才有政治自由。这里要说一下，宽和政体不是一种独立的政体类型，它是在与专制政体相对立的意义上讲的，因此民主政体、贵族政体、君主政体都有可能是宽和政体，只要权力受到限制。孟德斯鸠说："自古以来的经验表明，所有拥有权力的人，都倾向于滥用权力，而且不用到极限决不罢休。""为了防止滥用权力，必须通过事物

---

① 孟德斯鸠：《论法的精神》，许明龙译，商务印书馆2016年版，第184页。

的统筹协调，以权力制止权力。我们可以有这样一种政治体制，不强迫任何人去做法律不强制他做的事，也不强迫任何人不去做法律允许他做的事。"这样一种政治体制，就是实行权力分立的政治体制。

刚才说过，一谈到权力分立，孟德斯鸠是绕不过的坎。美国宪法之父麦迪逊曾说："对这个问题，人们总是请教和引用大名鼎鼎的孟德斯鸠。孟德斯鸠若不是政治科学中这一宝贵原理的创始人，至少，在阐释这一原理、有效引起世人关注这一原理方面，功劳卓著。"[1] 孟德斯鸠的分权理论在实践上源于对英国宪制的观察，在理论上则源于洛克的政治理论，孟德斯鸠最初是在巴黎的高级沙龙中，通过英国思想家博林布鲁克了解到洛克的思想。那洛克是如何讨论分权的呢？孟德斯鸠的分权理论与洛克有什么不同呢？

洛克将国家权力分为立法权、执行权和对外权，执行权和对外权辅助和隶属于立法权，这与英国议会主权的政治现实是一致的。洛克说："立法权是指享有权利来指导如何运用国家的力量以保障这个社会及其成员的权力。"由于法律不需要经常制定，因此立法机关没有

---

[1] 汉密尔顿等：《联邦论》，尹宣译，译林出版社 2010 年版，第 329 页。

必要经常存在，更重要的是，如果制定法律和执行法律的是相同的人，"这就会给人们的弱点以绝大诱惑，使他们动辄要攫取权力，借以使他们自己免于服从他们所制定的法律，并且在制定和执行法律时，使法律适合于他们自己的私人利益，因而他们就与社会的其余成员有不相同的利益，违反了社会和政府的目的"①。所以立法权和执行权往往是分开的，执行权是经常存在的"负责执行被制定的和继续有效的法律"的权力。

此外还有一种权力，主要涉及"战争与和平、联合与联盟以及同国外的一切人士和社会进行一切事物的权力"，也就是对外权。但洛克认为执行权和对外权虽然有区别，但"几乎总是联合在一起的"，"他们很难分开和同时由不同的人所掌握"，否则"就会使公共的力量处在不同的支配之下，迟早总会导致纷乱和灾祸"②。也就是说，洛克所谓的执行权和对外权，就是我们今天广义上的行政权。洛克并没有专门谈论司法权，但从其论断中可以推断，司法权同样辅助和隶属于立法权，是执行权的一部分，如洛克说："立法或最高权力机关不能揽有权力，以临时的专断命令来进行统治，而是必须以

① 洛克：《政府论》（下篇），叶启芳、瞿菊农译，商务印书馆1996年版，第89—90页。
② 同上书，第90—91页。

颁布过的经常有效的法律并由有资格的著名法官来执行司法和判断臣民的权利。"① 所以洛克实际上主要区分了立法权和行政权，且行政权辅助和隶属于立法权，这与孟德斯鸠的讲法有很大不同。

孟德斯鸠在谈英格兰政制时说："每个国家都有三种权力：立法权、适用于万民法的执行权、适用于公民法的执行权。""依据第一种权力，君主或执政官制定临时的或永久的法律，修改或废除已有的法律。依据第二种权力，他们媾和或宣战，派出或接受使节，维护治安，防止外敌入侵。依据第三种权力，他们惩治罪行，裁决私人争执。人们把第三种权力称作司法权，把第二种权力则简单地称作国家的行政权。"② 与洛克不同，孟德斯鸠明确司法权为一种独立的权力，不再从属于执行权。孟德斯鸠的开创意义就在于将司法权独立出来，你可能说这或许跟孟德斯鸠任职于波尔多高等法院有关，或许有关吧，但别忘了，孟德斯鸠写《论法的精神》的时候，已经卖掉了法官职位，因此我们不能说他是为了一己私利才主张司法权独立的，不信我们看看孟德斯鸠

---

① 洛克：《政府论》（下篇），叶启芳、瞿菊农译，商务印书馆1996年版，第84页。
② 孟德斯鸠：《论法的精神》，许明龙译，商务印书馆2016年版，第186页。

是怎么说的："立法权和行政权集中在一个人或同一个机构的手中，自由便不复存在。因为人们担心君主或议会可能制定暴虐的法律并暴虐地执行。""司法权如果不与立法权和行政权分置，自由也就不复存在。司法权如果与立法权合并，公民的生命和自由就由专断的权力处置，因为法官就是立法者。司法权如果与政权合并，法官就拥有压迫者的力量。"① 从这个论述看，孟德斯鸠所谓的行政权不仅仅指处理国际法事项的权力，实际上也包括在国内执行法律的权力，也就是洛克所谓的执行权和对外权。在这个论断中，立法权、行政权和司法权三权分立得到最完整的表述。

因此，在孟德斯鸠看来，问题的关键不是权力掌握在一个人、少数人还是多数人手中，而是权力必须分开，并且由不同的人或机构行使。孟德斯鸠最后说："如果由同一个人，或由权贵、贵族或平民组成的同一个机构行使这三种权力，即制定法律的权力、执行国家决议的权力以及裁决罪行或个人争端的权力，那就一切都完了。"② 权力即便掌握在多数人手中，只要不受到限制，也会遭到滥用，这在历史上屡见不鲜，不

---

① 孟德斯鸠：《论法的精神》，许明龙译，商务印书馆 2016 年版，第 187 页。

② 同上。

是多数人就可靠，只要权力不受限制，谁掌权力，都会滥用。

　　后世的学者已经指出，孟德斯鸠的三权分立理论是建立在对英国宪制的误读之上的，英国政治体制实际上并非三权分立，洛克的论述更符合英国的实际。但这不要紧，这种误读创造了有关权力分立的经典理论，可以说是思想史上最伟大的误读之一了。

　　国家权力分为立法权、行政权和司法权并非自古有之，而是在政治实践和理论中逐步生发出来的。古希腊、古罗马和中世纪的政治理论家大多关注的是权力由谁行使，是一个人、少数人还是多数人，并由此界定出君主制、贵族制和民主制。混合政体理论则强调国家权力应由各阶级共同分享。因此古典的政体理论家强调的是权力在不同阶级之间的分享，而非将权力分为几种不同类型并由不同的机构行使。但古典的混合政体理论和实践对近代早期的分权理论和实践的兴起有奠基性的作用。英国著名宪法学家维尔说：“在混合政体这一古代理论向现代分权学说转化中，要注意两个主要步骤。首先是坚持特定机构应限于行使特定职能。第二是出现了对独立的司法部门的承认，这些司法部门将拥有与君主、贵族院和平民院同等的地位。这第一步是在 17 世纪实现的，第二步只是到了 18 世纪才完全实现。"① 孟德斯鸠对分权理论的巨大贡献，正是在这第二步上，即对独立的司法部门的承认。孟德斯鸠之后，三权分立理论才算正式确立。1787 年美国制宪，孟德斯鸠的《论法的精神》是重要的参考，美国宪法三权分立的体制是对孟德斯鸠理论的制度化。

简单总结一下，在孟德斯鸠看来，如果要保证政治自由，则立法权、行政权、司法权必须由三个不同的部门独立行使，保障自由的关键不在于权力由多数人还是少数人行使，而在于权力要由不同的部门分别独立行使。因此，孟德斯鸠所谓的宽和政体，其实就是实行了权力分立的政体。无论是共和制还是君主制，只要实行权力分立，就不会存在专断的权力，就是宽和政体，就是孟德斯鸠心目中的最佳政体。

孟德斯鸠在这本书的第一编讲了政体的性质和原则及其与法律的关系，也就是我们上一节的内容，对于三种政体类型，孟德斯鸠毫无疑问是反对专制政体的，可是孟德斯鸠更钟爱共和制和君主制中的哪一种呢？或者进一步说，共和制内部的民主制和贵族制，孟德斯鸠更

① M. J. C. 维尔：《宪政与分权》，苏力译，生活·读书·新知三联书店 1997 年版，第 34 页。

倾向于哪种呢？不同的人有不同的看法，但在我看来，孟德斯鸠并没有表示明确的倾向性，道理很简单，这几种政体类型，只有实行权力分立，才是宽和政体，才是值得追求的，因此判断的标准是是否实行权力分立，而非是一人执政还是多人执政。

说孟德斯鸠对民主制、贵族制和君主制没有明确的倾向性，还有一个原因是，在孟德斯鸠看来，哪个国家实行哪种政体有时不是主观选择的问题，在一定程度上还受制于客观因素，比如我们下一节将要讲的气候和土壤。但无论客观因素成就了哪种政体，都可以通过权力分立加以改造，使之成为宽和政体，政治自由都可以得到保障。

四、气候、土壤与法律

上一节讲了孟德斯鸠的分权理论，也是现在大家谈论《论法的精神》这部著作时，谈论最多的话题。其实《论法的精神》出版时，第三卷中有关法律与气候、土壤的关系的论述，才是影响最大的。这些想法在当时简直是石破天惊，真正的脑洞大开。因为当时的人习惯于从宗教、道德、自然法等高深莫测的角度讨论人类社会，很少关注物质世界对人类社会的影响，孟德斯鸠的研究开启了一个新时代，对于后世社会科学的发展有巨大的引领作用。现在的读者读到这部分的时候经常随便翻翻甚至直接跳过，为什么呢？因为觉得孟德斯鸠说得不靠谱，人类社会怎么能说是由气候和土壤决定的呢？但这样的漫不经心实际上错过了这部分最有价值的东西，这就是本节要论述的，孟德斯鸠为什么要讨论法律与气候、土壤的关系，以及这些讨论为什么在今天依然是有价值的。

前面讲过，孟德斯鸠年轻时就对自然科学感兴趣，曾经做过大量科学研究，写过大量研究文章，比如《论重力的原因》《论物体透明的原因》《古今地球物理史提纲》《关于肾腺》《葡萄栽培问答》《磁针的变化》等等。当然了，启蒙时代没有学科界限，人文学者不搞点自然科学研究，就显得不够高大上，就像现在的学者不搞点人工智能研究，都不好意思说自己是学者一样。孟德斯鸠年轻时做过大量医学实验，比如他用显微镜观察过人的皮肤在冷暖不同温度下的变化，所以谈气候问题时，孟德斯鸠开篇就说："人体外部纤维的末端因冷空气而收缩，纤维的弹性因此而增大，从而有利于血液从末端回流心脏。寒冷使纤维的长度缩短，从而增强其力量。反之，热空气使纤维末端松弛，长度增加，因而使其弹性和力量缩小。"① 这正是孟德斯鸠早年在医学实验中用显微镜观察到的结果。孟德斯鸠基于这样的医学观察以及他有关古今地球物理史的研究，开始了有关气候和土壤的研究。

孟德斯鸠认为人的精神气质和内心情感在不同的气候条件下是有差异的，其中最重要的影响因素是温度。孟德斯鸠认为，北方地区寒冷，人强壮而健康，善于狩猎、跋涉、作战、饮酒，恶习少而美德多，非常真诚和坦率。南方地区炎热，人体质纤细、柔弱却相当敏感，情欲强烈，以致罪恶丛生，人人都竭尽全力攫取他人的好处，用以为情欲加薪添火。介于南北之间的温暖地区，由于气候冷热不均，经常变化，因此人的风尚不定，恶习无常，美德也无常。在孟德斯鸠的地理观察中，亚洲都处于炎热地带，包括中国，其中最酷热的是印度，北欧国家处于寒冷地带，包括孟德斯鸠最心仪的英国，而法国则处于温暖地带。记住这点很重要，下面还会涉及。

孟德斯鸠为了证明他的观察是有道理的，特别拿印度的佛教作为例子。印度酷热使人萎靡不振，静止使人

---

① 孟德斯鸠：《论法的精神》，许明龙译，商务印书馆 2016 年版，第271 页。

舒适，运动使人痛苦，所以印度人相信，静和空是万物之根本和终结，把绝对无为视为至高境界和永恒目标，因此印度佛教的产生，是为了应对炎热的气候，宗教产生的背后是有气候因素的。这里顺便说一下，中国人总是抱怨孟德斯鸠误读中国，严重诋毁中国法律和文化，因为在孟德斯鸠的论述中，中国也属于东方专制主义的一个代表，因为中国没有寒冷地带，这当然是一种误判。其实我们仔细阅读《论法的精神》就会发现，中国还不是最负面的典型，印度和日本才是，造成这个结果的原因之一还是气候。

如果气候对人的精神气质和内心情感有决定性的影响，那么法律应该如何应对呢？孟德斯鸠说，法律应该兴利除害，也就是克服气候带来的不利影响。他再次拿印度作为例子，印度气候炎热，民众不愿从事耕种，法律就应该鼓励耕种才对，尽力剥夺不劳而获的手段。但印度却恰恰相反，他们为僧侣提供了大量的财富，这反而鼓励了更多的人不爱劳动。更严重的是，印度把所有土地都归于君主，民众没有自己的土地，就更没有耕种的积极性了。这属于典型的法律不但没有兴利除害，反而助纣为虐。作为对比，中国是个相反的例子，中国皇帝每年都有一次籍田仪式，以这种公开而隆重的仪式鼓励人民耕种。因此立法者在立法的时候，必须考虑到气候对人的行为方式和内心状态的影响，要用法律来克服气候所带来的不利因素。

如果孟德斯鸠对气候的讨论仅此而已，那就不是伟大的孟德斯鸠了，孟德斯鸠在讨论气候的时候，贯穿的一个主线是自由与奴役。我们在上一节已经讲过自由问题了，也说过自由是这本书中的一条主线，无论是讲气候土壤，还是讲贸易宗教，围绕的核心都是自由问题。孟德斯鸠接下来用了三章的篇幅分别讨论了民事奴隶法、家庭奴隶法和政治奴隶法何以与气候的性质有关。首先，孟德斯鸠不承认奴役权有正当性，他坚持人人生而平等，奴隶制是反自然的。他甚至说，如果男人有休妻的权利，那么女人就应该有休夫的权利。那么，如果奴隶制是反自然的，为什么还会有各种各样的奴役呢？孟德斯鸠认为这跟气候有关，炎热地区的人精神萎靡、性情胆怯，容易接受奴役，不敢反抗，所以在印度各种奴隶制广泛存在。而寒冷地区的人民则因勇敢而享有自由，奴役就要少很多。所以当气候的物质力量践踏人类的自然法则时，立法者就应该制定法律，用以遏制气候带来的不良影响，重建原始的平等法则。气候造成了奴役，法律则必须坚决地抵制奴役。

不仅气候对自由与奴役产生影响，土壤的性质也会产生影响。如果土壤肥沃，易于耕种，民众吃喝无忧，自然容易产生惰性，怕这怕那的，这就为奴役提供了温床。他们只要能太太平平，任何政体对他们来说都是一样的。反倒是土壤贫瘠之地，如山区或森林草原之地，人们反而享有更多的自由，因为没有什么怕失去的，也就是中国人常说的，"光脚的不怕穿鞋的"，反正已经一穷二白了，没有什么可怕的了。所以在人类历史上，不毛之地经常出现许多强大的民族。也正是因为这个原因，**游牧民族往往比农耕民族享有更多的自由。孟德斯鸠总结说，土地肥沃的国家通常一人执政，土地贫瘠的国家通常多人执政，以此来作为补偿。**

孟德斯鸠放眼全球，认为亚洲气候炎热、土地肥沃，因此存在大规模的奴役，而欧洲气候寒冷或温暖，则享有更多的自由。现在看来，这种气候和地理决定论完全是不靠谱的，但我要提醒你注意，孟德斯鸠的意思可不是气候地理决定论啊，孟德斯鸠的意思恰恰是相反的，正因为气候地理有这样的影响，法律才应该尽其所能地克服这些不利影响。我们从两个方面看看：

第一，孟德斯鸠认为气候和土壤会影响自由和奴役，但从未讲过这种影响是绝对的。孟德斯鸠认为："人受气候、宗教、法律、施政的准则、先例、习俗、风尚等多种因素的支配，其结果是由此形成了普遍精神。对于每一个民族来说，若一种因素的作用较强，其他因素的作用就会相应受到削弱。"① 如果人们甘心接受气候和土壤等物质因素带来的影响，那么自然奴役多而自由少。人们是可以通过法律、习俗、风尚等来抵消气候和土壤的不利影响的，从而摆脱奴役，重获自由，因为自由才是人的自然本性。此外也有相反的例子，俄罗斯地处寒冷地区，本应该享有自由，但却处于奴役状态，原因就是法律、习俗等不但没有保有气候带来的有利因素，反而以自身的专制完全压制了气候带来的自由因素。气候和土壤的决定性从来就不是绝对的。

第二，前面我们讲过，孟德斯鸠区分了寒冷、炎热和温暖三种气候条件，寒冷和炎热代表了两个极端，温暖则有两种可能，而法国正处在气候温暖的地区，因此既可能倒向奴役，也可能倒向自由，全看法律如何兴利除害。我一再提醒你注意孟德斯鸠写作时的背景，当时法国处在路易十四的专制统治之下，为了建凡尔赛宫和对外战争而横征暴敛，孟德斯鸠的叔父和他本人在波尔多高等法院担任庭长时，都曾带头抗议过国王的苛捐杂税。因此，如果法国人不积极反抗，甘愿接受奴役，那么法国很快就将沦为专制政体。孟德斯鸠说过，奴役权

---

① 孟德斯鸠：《论法的精神》，许明龙译，商务印书馆 2016 年版，第 356 页。

是没有自然正当性的，奴役现象的存在是因为被奴役者怯弱，甘愿被奴役。

简单总结一下，孟德斯鸠的论述表面上是气候和土壤决定论，但本质上恰恰是反决定论的。自由与否不是由气候和土壤最终决定的，而是由法律、习惯、风俗等决定的，最终是人自己所决定的。刚才我们提到一个概念——普遍精神，不知你是否留意到了。什么是普遍精神呢？或者说什么是民族的普遍精神？其实就是一个民族整体的精神气质和内心情感。普遍精神的形成不仅仅是气候和水土影响的结果，还受到宗教、习俗、风尚、法律这些精神和制度因素的影响。孟德斯鸠承认气候和土壤是重要的影响因素，但是与气候和土壤不可改变或难以改变的物理性质不同，习俗、风尚和法律是可以改变的，进而民族的普遍精神是可以改变和塑造的。一个民族的伟大立法者应该善于用法律来克服诸多不利因素的影响，进而塑造自由的民族精神，因此一个民族是自由还是奴役的，不是只取决于气候和土壤，而是主要取决于这个民族的普遍精神。伟大立法者的伟大之处，就在于对民族的普遍精神的塑造。

总而言之，孟德斯鸠论述了气候和土壤对自由与奴役的影响，但这种影响不是绝对的，也不是唯一的，自由与奴役还受到法律、习俗、宗教、风尚等因素的影响，一言以蔽之，受一个民族的普遍精神的影响。孟德斯鸠的真实意图不是气候地理决定论，恰恰相反，是反气候地理决定论的。立法者可以用法律来克服气候和土壤的不利影响，奴役不是天生的，自由才是天生的，这才是一个民族的普遍精神应该追求的。

五、 贸易、 宗教与法律

在讲完气候、土壤与法律的关系之后，孟德斯鸠开始讲贸易、宗教与法律的关系。为什么先讲气候和土壤呢？因为这是自然条件，是不可改变的，而贸易和宗教是可以人为改变的。那么为什么先讲贸易再讲宗教呢？这就是个大问题了。照例来说，那个时代应该先讲宗教才对啊，毕竟整个欧洲尚未从教会的控制中走出来，但孟德斯鸠却把宗教放在全书最后来讲，不是因为孟德斯鸠认为宗教最重要，而是孟德斯鸠认为，商业将取代宗教，成为现代社会的基础。这在当时也算是石破天惊的判断。

先来说说贸易与法律的关系。在孟德斯鸠看来，贸易的作用不仅仅是获取利益，更重要的在于促进和平与宽容，作为启蒙时代的人文主义者，和平与宽容是孟德斯鸠一直念兹在兹的。孟德斯鸠认为，贸易的自然效应就是趋向和平，因为只有在和平的环境下，商人才可以安全地进行贸易，而且通过贸易获取的利益要远远大于战争与掠夺。理性人更倾向于贸易而非战争，康德在《永久和平论》中也表达了类似的观点，认为贸易是抑制战争的重要手段。

此外，贸易还可以医治破坏性的偏见，实现对人的启蒙。人们在贸易交往中认识彼此，学会尊重对方的习俗，因此孟德斯鸠认为，凡是习俗温良的地方，必定有贸易，凡是有贸易的地方，习俗必定温良。贸易可以使人柔化，变得宽容。当然，孟德斯鸠的讲法会受到质疑，因为地理大发现后的很多贸易是伴随着战争开始的，殖民者发动战争的一大借口就是贸易自由，但这是孟德斯鸠所反对的。我们从大历史的角度看，全球范围内的贸易，确实有助于消除偏见，促进彼此的宽容和尊重。孟德斯鸠说，我们的习俗不像往昔那样凶残，对此丝毫不必感到惊奇。贸易使得各国的习俗得到了广泛的了解，并进而进行对比，从而获得巨大的裨益。

贸易在医治破坏性偏见的同时，还能促使人拥有一种精确的公道观念。一方面，与劫掠针锋相对，贸易讲究的是平等交换、对等有偿；另一方面，贸易与某些伦理道德背道而驰，这些伦理道德要求人们不要斤斤计较自己的利益，为了他人的利益可以舍弃自己的利益，但贸易是建立在互利共赢基础之上的，谁也不做亏本买卖。孟德斯鸠反对战争掠夺这些暴力行径，同时也反对宗教道德严苛的利他主义要求，在他看来这些都不符合人性和社会的本质。

孟德斯鸠认为一个社会如果商业匮乏，就容易产生掠夺，而美德往往与掠夺是并行不悖的，这听起来有点出乎意料，不过听听孟德斯鸠举的例子就会发现他讲得有点道理。孟德斯鸠说，你看"好客"这种美德，在商业国家是极其罕见的，因为人们总是斤斤计较利益得失，所以不会无缘无故慷慨解囊的。但"好客"这种美德在掠夺的民族中却达到了令人钦佩的程度，掠夺者往往将掠夺来的战利品赏赐给身边的人，对于陌生人，往往也是豪气冲天。所以孟德斯鸠说，如果没有重大理由，就不要排斥与任何一个国家通商。这是一条至理名言。

讲完贸易的好处之后，我们来看看贸易与法律的关系。孟德斯鸠区分了两种类型的贸易，一种是奢侈性的贸易，目的是不计成本地满足人的奢侈性需求；一种是节俭性的贸易，目的是精打细算地满足人的日常基本需求。在一人主政的政体下，贸易通常建立在奢华之上，贸易是为了满足一人的奢华要求。虽然那里的贸易也基于实际需要，但主要目的却是满足一人的骄奢和荒诞需求。在多人执政的政体下，贸易通常建立在节俭的基础之上，贸易是为了满足人的基本的日常需求。正因为如此，孟德斯鸠反对君主和贵族经商，一方面，君主和贵族经商容易走向奢侈性的贸易，另一方面也破坏商业的平等精神。而节俭性贸易培养一种恰如其分的贸易精神，有助于促进公共事业的发展，是共和国的社会基础。

讲完贸易，再来看看宗教。其实在某种意义上，贸易和宗教是不相容的。贸易是世俗的、利己主义的，宗教是超越的、利他主义的。中世纪的思想家都将宗教置于非常重要的位置，政治从属于宗教，从宗教中发展出一套自然法，主宰着整个法律领域。但孟德斯鸠却将宗教放在贸易之后，并且放在全书的最后来讲，可见宗教在他的思想体系中的位置并不高。

孟德斯鸠对世界上各种宗教的审视，仅仅着眼于它们能为生活在尘世中的人带来什么福祉，无论它们源自天上还是来自人间。即使是最真实和最圣洁的教义，如果不与社会原则相结合，也会产生非常恶劣的后果；反之，即使是最虚假的教义，如果能与社会原则相结合，也能产生美妙的后果。如印度佛教相信灵魂不死，却被错误理解，诱使一些人走上自杀之路，这就不是好宗教。而勃固人信奉的宗教的主要教义是不杀、不偷、不做下流无耻的事，即便没有神，也是一种好宗教。甚至斯多葛学派，因为把人世间的显赫、痛苦、忧愁视为虚无，全力以赴地谋求人类福利，因此也是一种好宗教。

你看，孟德斯鸠眼中的宗教，有点类似邓小平的"猫论"，无论是什么宗教，只要有助于培养好公民，就是好宗教。对于基督教神学家来说，这简直是离经叛道，更让这些神学家难以接受的是，孟德斯鸠竟然用气候来解释宗教教义。他说印度教禁止杀牛吃牛肉，是因为印度天气炎热，牛的繁殖力弱，必须保证有足够的牛用来耕种，所以禁止吃牛肉。而伊斯兰教禁止吃猪肉，是因为吃猪肉会导致出汗量减少三分之一，加剧当地人容易患的皮肤病。你看，神圣的教义在孟德斯鸠眼里，完全没有神圣性，只不过是气候等外在自然因素造成的。这也难怪《论法的精神》出版后，教会进行了严厉的审查，并最终将其列为禁书。

那么宗教与法律有什么关系呢？孟德斯鸠认为一国的宗教与政体紧密相连。宽和政体宜于基督教，专制政体宜于伊斯兰教。在宽和政体内部，天主教宜于南方的君主政体，新教宜于北方的共和政体。这是因为，北方民族不仅现在而且将永远具备一种独立和自由的精神，而南方民族则不具备这种精神；再者，领袖地位不突出的宗教，比较适合因气候条件而养成的独立精神，而对于领袖地位突出的宗教来说，独立精神就不那么合适了。你看，孟德斯鸠再次用气候因素来解释宗教的地理分布及其与政体的关系。

此外，孟德斯鸠还强调了政教分离的重要性，他认为即便在君主政体下，也不应让所有权力集中在一个人手里，所以宗教领袖应该与国家分开。而对于专制主义者，为了把一切权力集中在一个人手里，通常都要自己充当宗教领袖，当伟大导师。我们前面讲过，在孟德斯鸠看来，政体的性质与原则是最高的法，所以宗教与法律的关系主要体现在宗教与政体的关系上。

那么宗教与具体的公民法之间的关系如何呢？人类的法律是用来指导行为的，所以法律应该给予人们戒律而不是劝导。宗教是用来指导心灵的，所以宗教给予人们的劝导应该很多，而戒律则应该很少。宗教和世俗法律的主要目标都应是使人成为好公民。如果其中一个偏离了这个目标，另一个更应该坚持这个方面。凡是宗教较少加以约束的地方，世俗法律就应严加约束。当法律软弱无力时，宗教可以发挥支撑国家的作用。甚至在专制国家，宗教也能在一定程度上限制专制权力，特别是当宗教有神圣典籍时，因为专制者也无法完全垄断对宗教典籍的解释权。在这个问题上，孟德斯鸠还特别提到中国，认为中国的儒家典籍对皇帝来说构成了一种制约。

除了前面讲的政教分离，宗教宽容也是孟德斯鸠所重视的，在孟德斯鸠看来，国家的法律如果允许各种宗教同时并存，就应该强制这几种宗教彼此宽容。法律有必要要求各种宗教不仅不扰乱国家，也就是政教分离，而且也不彼此相扰，宗教之间必须彼此宽容。就拿孟德斯鸠来说，他本人是天主教徒，但并不影响他娶了一位信奉新教的妻子。

以上就是孟德斯鸠有关贸易、宗教与法律的总体看法。简单总结一下，孟德斯鸠对贸易的重视，实际上意味着他已经认识到，现代社会是以商业社会作为基础的，人类思想观念和政治体制都会因商业社会的到来而发生重大变化。孟德斯鸠心目中理想的国家——英国，正是最先走上商业社会的。商业社会的到来也就意味着宗教的隐退，宗教将从政治领域退缩到生活领域，成为个人日常生活中的精神归宿，同时孟德斯鸠确定了现代政治与宗教关系的两大核心原则，即政教分离与宗教宽容。

对于这本书的价值，当时瑞士哲学家和科学家博内的一个评价堪称精到，他说孟德斯鸠"发现了精神世界的法则"，恰如牛顿"提出了物质世界的法则"。① 孟德斯鸠将自然科学的观察和实验的研究方法应用到法律的研究之中，而且将法律置于历史、地理、政治、气候、贸易、人口、宗教、风俗等各种与法律有关的事物之中，在各种关系之中揭示法律的精神。这种研究方法和广博的研究内容，不仅开创了法律的历史和社会研究传统，而且开创了社会学、人口学、经济学、人类学、民族学的研究先河。现代社会科学的诸学科，大多都能从这本书中发现最初的思想资源。也正是在这个意义上，这本书是启蒙时代的百科全书，孟德斯鸠是启蒙时代的百科全书式的学者。

---

① 参见洛朗·韦尔西尼为《论法的精神》写的《导言》，载孟德斯鸠：《论法的精神》，许明龙译，商务印书馆 2016 年版，第 45 页。

第三章

法律的历史之维： 孟德斯鸠与历史法学

一、 孟德斯鸠的思想肖像

孟德斯鸠在法学界声名卓著，但凡读过法律的人，大多知道孟德斯鸠及其最具代表性的著作《论法的精神》，虽然几乎很少有人完整地阅读过《论法的精神》。但是非常有趣的是，如果看现代西方法理学或法律思想史类著作，孟德斯鸠显得有点尴尬。比如劳埃德的《法理学》、瓦克斯的《读懂法理学》、莫里森的《法理学：从古希腊到后现代》中根本就没讨论孟德斯鸠的法律思想。[①] 如下面将要讨论的，这三本书忽略孟德斯鸠，或许是因为在他们的体系之中，很难为孟德斯鸠找到一个

---

① 参见丹尼斯·劳埃德：《法理学》，许章润译，法律出版社 2007 年版；雷蒙德·瓦克斯：《读懂法理学》，杨天江译，广西师范大学出版社 2016 年版；韦恩·莫里森：《法理学：从古希腊到后现代》，李桂林等译，武汉大学出版社 2003 年版。

恰当的位置，因为孟德斯鸠具有非常多的思想面相。再比如中国学者最熟悉的博登海默的《法理学：法律哲学与法律方法》，仅花了两页的篇幅讲孟德斯鸠，将其与洛克放在一节，视为古典自然法传统的代表之一。[1] 凯利的《西方法律思想简史》虽然称《论法的精神》是18世纪最伟大的书，但却只花了一页的篇幅讨论孟德斯鸠。有趣的是，凯利与博登海默不一样，他认为孟德斯鸠"对自然法的崇高性致以漫不经心的敬礼"，孟德斯鸠的主要思想是"法律的多样性可经由民族生活环境的多样性得以解释"。[2] 这实际意味着孟德斯鸠是社会法学和历史法学的先驱，这两个学派基本上是反自然法的。

　　社会学的创始人之一涂尔干专门谈到孟德斯鸠对社会科学兴起的贡献，涂尔干认为："孟德斯鸠不仅理解了社会现象对科学研究的重要性，也参与塑造了两个基本观念，这些观念，即类型的观念和法的观念。对确立社会科学来说是必不可少的。"[3] 相应地，埃利希在《孟德斯鸠与社会学法学》一文中认为，在《论法的精神》

---

[1] 参见博登海默：《法理学：法律哲学与法律方法》，邓正来译，中国政法大学出版社2017年版，第65—67页。

[2] 参见 J. M. 凯利：《西方法律思想简史》，王笑红译，法律出版社2002年版，第262页。

[3] 爱弥尔·涂尔干：《孟德斯鸠与卢梭》，李鲁宁等译，上海人民出版社2003年版，第55页。

中已经发现了法律社会学的雏形，并且出现了这个学科的核心，即"对社会生活中法律与自然的一致性的认知"。只是由于孟德斯鸠太过超前，以18世纪的方法和材料创建法律社会学的做法太过伟大，以至于不免漏洞百出。更重要的在于，孟德斯鸠同时代的人只能理解他的著作中那些易于腐烂和过时的部分，真正有科学价值的部分并未得到重视。[①] 由此可见，孟德斯鸠作为社会法学或者法律社会学的创始人基本上是成立的。

除了作为自然法学家和社会法学家之外，孟德斯鸠今天更主流的思想肖像实际上是政治哲学家，从法学的角度来看，也可以说是政治法学家。多人合著的《剑桥十八世纪政治思想史》在24章的内容中有8章讨论了孟德斯鸠有关政治、法律、经济、历史等方面的论述。[②]该书开篇就说："就18世纪的政治理论而言，孟德斯鸠的《论法的精神》（1748）是最具思想挑战性和启发性的文献之一。该书的恢宏视野、历久弥新的思考、对遍及欧洲的社会和政治争论的冲击，以及经久不衰的影响

---

① 参见尤金·埃利希：《孟德斯鸠与社会学法学》，翟志勇译，载许章润组织编译：《哈佛法律评论（法理学精粹）》，法律出版社2011年版，第80、87页。

② 参见张弘：《孟德斯鸠：十八世纪的政治思想巨人》，http://weme-dia.ifeng.com/54316042/wemedia.shtml，最后访问时间：2018年7月10日。

力，使之成为一部非凡的作品。"孟德斯鸠通过将法律与历史联系起来，并将二者置于政治理论的核心，深深地影响了苏格兰政治经济学派，为现代社会和政治思想确立了基调和形式。①

孟德斯鸠的伟大之处不仅在于他对启蒙运动的巨大影响，还在于他是19世纪历史主义的思想先驱。梅尼克在《历史主义的兴起》中将孟德斯鸠视为启蒙运动转向历史思想过程中的核心人物，孟德斯鸠的伟大在于将过去世纪的两种强大的重要思潮即自然法-理性思潮和经验-现实思潮统一了起来，实现统一的方式就是转向历史主义，孟德斯鸠在法律的历史生成过程中探究法律与其他事物之间的关系，并比萨维尼早半个多世纪提出民族普遍精神这样的概念。"孟德斯鸠的巨大成就在于，把这种关于历史因果关系的知识推进到了当时可能的极限上。"②几乎在同样的意义上，刘小枫探讨了孟德斯鸠如何借助"普遍历史"的论述方式塑造"自由主义"意识形态。③

---

① 参见马克·戈尔迪、罗伯特·沃克勒主编：《剑桥十八世纪政治思想史》，刘北成译，商务印书馆2017年版，第15页。
② 弗里德里希·梅尼克：《历史主义的兴起》，陆月宏译，译林出版社2009年版，第119页。
③ 参见刘小枫：《孟德斯鸠与普遍历史》，载曹卫东主编：《跨文化研究》第1辑，社会科学文献出版社2016年版。

这种论说在法学界也有呼应，亚伦在给梅因《古代法》写的导言中写道："有关法律的书籍，不论是古代法或现代法，并不常常能吸引很多的读者；但十八世纪和十九世纪分别产生了一本著名的法律书籍，对当代的和以后的思想发展方向，有着深远的影响。孟德斯鸠的《论法的精神》是法国十八世纪最杰出的作品之一，它标志着历史法律学上的一个重要阶段。"① 从启蒙运动之后历史主义兴起的意义上看，孟德斯鸠实际上也是历史主义的思想先驱，也是历史法学最早的开创者。

前面简要勾勒了孟德斯鸠作为自然法学家、社会法学家、政治法学家和历史法学家的思想肖像，鉴于对孟德斯鸠作为自然法学家、社会法学家和政治法学家已经有了大量的讨论，而对于作为历史法学家的孟德斯鸠或者说孟德斯鸠与历史法学的关系，研究还很薄弱，因此，本章试图论述：孟德斯鸠在何种意义上开创了历史法学？孟德斯鸠开创了什么样的历史法学？为什么法学界通常将历史法学归功于萨维尼和梅因而很少讲孟德斯鸠？为什么现在公认的历史法学派大家萨维尼和梅因在著作中并未大量地引述孟德斯鸠？

---

① 喀莱顿·垦卜·亚伦：《导言》，载亨利·梅因：《古代法》，沈景一译，商务印书馆1997年版，第5页。

二、 孟德斯鸠的自然法

要论证孟德斯鸠是一位历史法学家，首先要解决的就是孟德斯鸠与自然法的关系问题，因为大体上来说，历史法学是自然法学的反叛者。博登海默虽然承认："经由探索和描述有关法律起源的各种各样的自然因素和文化因素，孟德斯鸠事实上成了此后形成的社会学法学的先驱。"但他仍然认为孟德斯鸠与古典自然法学的关系是极为明显的，理由有两点：第一，孟德斯鸠认为法律是人的理性，虽然在不同的情况下人的理性有可能要求采取不同的法律解决方法；第二，孟德斯鸠承认，一些正义关系先于实在法而存在。① 但是博登海默的这两点判断，是站不住脚的或者说至少是非常薄弱的。只能说孟德斯鸠的思想中仍然无法完全摆脱 18 世纪强大的自然法思想，仍有自然法思想的残存，但将孟德斯鸠视为古典自然法思想的典型代表，显然失之偏颇。为什么这么说呢？这需要看看孟德斯鸠有关自然法的整体论述，而不能只抓住只言

---

① 参见博登海默：《法理学：法律哲学与法律方法》，邓正来译，中国政法大学出版社 2017 年版，第 66 页。

片语。

孟德斯鸠认为，"法是源于事物本性的必然关系"(9)①，自然法也不例外，"除了我们的存在本质之外，自然法再没有任何其他渊源"(12)。孟德斯鸠将自然法的源头追溯到"我们的存在本质"，而非我们身外的神秘莫测之处。自然法是人在社会组成之前所接受的法，因此源于人在前社会状态下的本性，最重要的四条自然法原则是：和平、温饱、两性亲近、在社会中共同生活的愿望。前三条原则是人作为物种能够存续的基本要求，第四条原则将人从前社会状态导向了社会状态。孟德斯鸠在行文中避免使用自然状态这个概念，而且也并不强调自然状态在人类社会形成中重要作用，这是他与霍布斯、洛克的重大差别。孟德斯鸠"抛弃一切假设的历史，抛弃自然状态"②。抛弃自然状态是孟德斯鸠背弃自然法理论最有力的说明。孟德斯鸠要"用历史、习俗或者习惯取代自然，从而成为政治、社会存在的规范

---

① 为了行文的简洁，本章凡是引用孟德斯鸠《论法的精神》（许明龙译，商务印书馆 2012 年版）中的文字，直接在引文后括号内标注页码。

② 路易·阿尔都塞：《政治与历史：从马基雅维利到马克思》，吴子枫译，西北大学出版社 2018 年版，第 42 页。

基础"①。

与霍布斯认为自然状态是一切人对一切人的战争状态不同，②孟德斯鸠认为在前社会状态中，人因弱小而胆怯，谁也不会想方设法攻击别人，所以处于和平状态。一旦进入到社会状态，因为有了联合，人就不再感到弱小，平等不复存在，战争于是开始。为了终结战争状态，人与人之间的法律产生了。法律产生于人类终结战争的生存本质，在这个意义上法律来源于人类理性。人为制定的法律有三种形态：调整各民族之间关系的万民法，调整治人者与被治者之间关系的政治法，调整全体公民之间关系的公民法。

孟德斯鸠最后总结道："一般而言，法是人类的理性，因为它治理着地球上的所有民族。各国的政治法和公民法只不过是人类理性在各个具体场合的实际应用而已。"（15）这句话实际上区分了法的两个层次：第一个层次是作为人类理性的法，适用于所有民族，实际上就是前述的自然法以及建立在自然法基础上的万民法；第二个层次是作为人类理性实际应用的法，只适用于每个

---

① 托马斯·L.潘戈：《孟德斯鸠的自由主义哲学》，胡兴建、郑凡译，华夏出版社2016年版，"中文版序"，第3页。

② 托马斯·霍布斯：《利维坦》，黎思复、黎廷弼译，商务印书馆1997年版，第94—97页。

具体的民族，也就是政治法和公民法，"这些法律应该量身定做，仅仅适用于特定的国家；倘若一个国家的法律适用于另一个国家，那是罕见的巧合"（15）。正因为人为法要量身定做，才会出现法律与政体的原则和性质、物质条件、宗教、贸易、习俗、商业等等事物之间的关系，这些关系构成了孟德斯鸠所谓的法的精神。如果法律仅仅是人类理性，也就是自然法，那也就不存在孟德斯鸠所谓的法的精神了，或者说法律的精神简单且明确，那就是人类理性，但这显然不是孟德斯鸠想要论述的。

在《论法的精神》第二十六章"法与它所规定的事物秩序的关系"中，孟德斯鸠再次探讨法律的种类："人受制于多种法律：自然法、神为法即宗教法、教会法、万民法、普通政治法、特殊政治法、征服法、各个社会的公民法，最后还有家庭法。"（562）因此法律有不同的类别，但孟德斯鸠并不认为某种类别要从属于另外一种类别，而是认为"人类理性的高明之处就在于十分明白，需要制定法律的事项主要应归属于哪一类，从而不至于搅乱支配人类的那些原则"（562）。也就是说不同种类的法律没有高下之别，它们调整的事项不同，应该相互协调。在这一章的第三到六节，孟德斯鸠通过一些例子阐述了"有悖自然法的公民法"。比如要求小偷的妻子、孩子揭发检举小偷的法律违背了人的本性，类似于中国传统上的亲亲相隐原则，因此是不妥当的（565）。再比如英国的一项法律允许七岁女孩自行择婿，违反了孩子的心灵自然成熟期和身体自然成熟期，也是不恰当的（564—565）。但紧接着孟德斯鸠就通过一些例子来说明"何时可以更改自然法原则而按公民法原则裁决"（第五节）、"继承顺序不应以自然法原则而应以政治法和公民法原则为准"（第六节），比如按照自然法，所有子女都可以继承父亲的遗产，但孟德斯鸠认为："自然法要求父亲抚养子女，但并不强求父亲立子女为继承人。财产的分割、关于财产分割的法律、分得财产者死后的继承等等，所有这些都只能由社会作出规定，因而只能由政治法和公民法解决。"（567）也就是说，抚养子女是由自然法派生出的义务，但子女继承则是政治法或公民法规定的义务。因此，自然法也不是绝对的，也是可以被修正和限定的。"历史取代自然作为规范判断的最终标准。"[1]

孟德斯鸠生活的启蒙时代，由霍布斯、格劳秀斯、普芬道夫、斯宾诺莎等提出的自然法思想正处于巅峰时

---

[1] 托马斯·L.潘戈：《孟德斯鸠的自由主义哲学》，胡兴建、郑凡译，华夏出版社2016年版，第5页。

刻，自然法的信奉者认为："人类社会是通过一份或明确或隐蔽的社会契约建立的，法律仅仅是这个原始契约的必然推演结果，它可以通过科学的推理从原始契约中演绎出来。"① 但孟德斯鸠显然不认可这种思想，孟德斯鸠认为"法是源于事物本性的必然关系"（9），这就要求回到社会和历史中寻求事物的实在本性，而不是回到一个假定的社会契约中。在孟德斯鸠论述自然法与人为法的关系时，有两点值得特别注意：第一，孟德斯鸠并未提出一个总的原则来界定两者之间的关系，并没有说人为法来源于自然法，必须严格遵从自然法。孟德斯鸠只是通过举例子来说明两者之间的关系，这意味着两者的关系只能就事论事，决定两者之间关系的不是两者本身的地位高下，而是法律要实现的目标及其与其他事物之间的关系。第二，人为法有自己的领域，在这些领域内，自然法是不发挥作用的或作用是有限的，因为前面已经讨论过，自然法只是最基础的人的理性，只涉及一些最基本的问题，政治社会生活的大量领域留给了人为法。因此只能说，在自然法大潮仍然汹涌澎湃的时候，孟德斯鸠没有全盘反对自然法，而是将自然法限制在有

① 尤金·埃利希：《孟德斯鸠与社会学法学》，翟志勇译，载许章润组织编译：《哈佛法律评论（法理学精粹）》，法律出版社 2011 年版，第 73 页。

限的空间内，并弱化或者说相对化自然法的效力。"从描述人类的根本需求的自然法中推导出来的正义原则，在适用于公民社会的政治生活之前，必须被修正或弱化，而且这种修正或弱化经常是剧烈的。"① 这才是理解孟德斯鸠自然法思想的关键。孟德斯鸠不是自然法学家，而是自然法最早的反叛者之一。

三、普遍精神

在将人为法从自然法中解脱出来之后，孟德斯鸠提出了"普遍精神"这个概念，其意义在于以普遍精神替代自然法。孟德斯鸠认为："人受气候、宗教、法律、施政的准则、先例、风尚等多种因素的支配，其结果是由此而形成了普遍精神。对于每一个民族来说，若一种因素的作用较强，其他因素的作用就会相应受到削弱。"（356）在其他的地方，孟德斯鸠也使用"民族精神""民族的普遍精神"，所表达的意思是相同的。其实早在《罗马盛衰原因论》中，孟德斯鸠就已经提到普遍精神："每一个民族都有一种总的精神，而权力本身就是建立

---

① 托马斯·L. 潘戈：《孟德斯鸠的自由主义哲学》，胡兴建、郑凡译，华夏出版社 2016 年版，第 35 页。

在这一精神之上的；当这个民族侵害这一精神的时候，它自己就受到了侵害，结果必然就停顿不前了。"① 罗马的衰亡就是因为对外扩张侵害了罗马的普遍精神。

孟德斯鸠是在《论法的精神》第三编最后一章中讨论"法与民族的普遍精神、习俗和风尚赖以形成之原则的关系"的，在这一章之前，孟德斯鸠花了五章的篇幅讨论法与气候、土壤之间的关系。为什么孟德斯鸠会把普遍精神问题与气候、土壤放在一编中讨论呢？一个解释是孟德斯鸠认为"气候是所有因素中的首要因素"（363），如阿尔都塞所言，孟德斯鸠有关气候的研究"是为了将政体的纯粹类型带回到历史的实际现实。在理想的类型学之外补充了一套具体的规定性理论：从可能的过渡到真实的"②。气候在很大程度上决定了一个民族的精神气质和内心情感，进而决定了这个民族的政体以及普遍精神。但纵览整编讨论，不能因此就简单地认为孟德斯鸠主张气候决定论。恰恰相反，正因为气候对普遍精神的重要影响，伟大的立法者才要通过法律克服

① 由于翻译上的差异，引文中的"总的精神"就是"普遍精神"，参见孟德斯鸠：《罗马盛衰原因论》，婉玲译，商务印书馆1962年版，第130页。

② 路易·阿尔都塞：《政治与历史：从马基雅维利到马克思》，吴子枫译，西北大学出版社2018年版，第46页。

气候所带来的不利影响。

　　孟德斯鸠说"未开化人几乎只受大自然和气候的支配"，言外之意是，开化民族则可以通过法律、习俗、施政准则等抵消或弱化大自然的不利影响。孟德斯鸠特别以中国和印度为例，讨论了"不良立法者助长气候的弊害，优秀立法者与之抗争"（276）。中国立法者综合运用宗教、伦理、哲学、法律各种因素使人远离物质因素的不利影响，比如通过皇帝籍田仪式来鼓励耕种。[①]而印度立法者则是完全顺应气候的不利影响，比如印度炎热，人容易精神萎靡，不愿行动，法律应该鼓励人劳作，而印度却恰恰相反，不但不鼓励劳作，还为僧侣的静修提供支持，造成了数不清的弊害。

　　除了气候、土壤等自然因素之外，孟德斯鸠特别强调了法律与习俗和风尚的关系。因为"习俗与普遍精神有较多关系，法律则与具体制度有较多的关系"（361）。法律是人为制定的，而习俗是自生自发的。"法律是立法者制定的具体和精确的制度，习俗和风尚则是一个国

---

① 在孟德斯鸠的著作中，中国的形象是内在分裂的：一方面，中国属于东方专制主义的范畴，虽然不及日本和印度；另一方面，中国的礼法之治又使得中国政体宽和节制，完全不符合他对专制政体的定义。具体分析参见李猛：《孟德斯鸠论礼与东方专制主义》，《天津社会科学》2013年第1期，第44—48页。

家的一般性制度。所以，当人们希望改变习俗和风尚时，就不应该求助于法律，否则可能太专横。不如借助另一种习俗和风尚去改变原有的习俗和风尚，这样可能较好。"（362—363）因此法律应该尊重习俗和风尚，法律对习俗和风尚的强制改变会造成一种精神暴政。孟德斯鸠还是以中国为例来说明这个问题，中国古代的立法者将宗教、法律、习俗和风尚融为一体，所有这些都是伦理，都是美德，都是礼仪规范，这一整套礼仪规范成为中国人的普遍精神，这是中国古代政体成功的重要秘密。孟德斯鸠甚至预言："中国的政体原则一旦被抛弃，道德一旦沦丧，国家立即就陷入无政府状态，革命随即爆发。"（366）

不过孟德斯鸠的特别之处就在于，他并不认为法律必须完全被动地受制于习俗和风尚，孟德斯鸠花了大量的篇幅，以英国为例讨论了"法律如何有助于一个民族的习俗、风尚和性格的形成"（372—381）。英国是一个非常典型的例子，气候在很大程度上决定了英国的法律、习俗和风尚，决定了英国的普遍精神，但英国的习俗和风尚与它的法律关系非常密切。当然，孟德斯鸠这里所讲的法律，主要指这个国家最基本的法律，也就是政体的原则和性质。孟德斯鸠实际上是说，一个国家的政体的原则和性质在很大程度上决定着一个国家的习俗和风尚，甚至可以说，有什么样的政体原则和性质，就会有什么样的习俗和风尚。"孟德斯鸠的学说的主要意义并不在于它对英国的赞扬，而在于它将英国宪制展现为一种基本的制度模型，为更一般地理解宪制自由的逻辑提供了正确的框架和标准。"① 民族的普遍精神固然受到气候等自然条件的影响，但政体的原则和性质发挥着更大的塑造作用，这一点英国提供了强有力的说明。

综上所述，孟德斯鸠的普遍精神与萨维尼讲的民族的共同意识或民族精神有很大的差别。在萨维尼的理论中，"法律以及语言，存在于民族意识之中"，"民族的共同意识乃是法律的特定居所"。② 而在孟德斯鸠的理论中，法律是形成民族普遍精神的一个要素而已，"只要民族精神与政体原则不相违背，立法者就应尊重这种民族精神"（357）。言外之意是，如果民族精神与政体原

---

① 马克·戈尔迪、罗伯特·沃克勒：《剑桥十八世纪政治思想史》，刘北成译，商务印书馆 2017 年版，第 319 页。

② 弗里德里希·卡尔·冯·萨维尼：《论立法与法学的当代使命》，许章润译，中国法制出版社 2001 年版，第 7、9 页。

则相违背，立法者就应该以适当的手段重塑民族精神。①孟德斯鸠完全是以政治的眼光来看待民族的普遍精神的，法律主要受一个国家的政体性质和原则的影响。②如果是这样的话，孟德斯鸠必须回答一个问题：一个国家政体的原则和性质是如何生成的？孟德斯鸠在《论法的精神》第一、二编中对政体做了类型化处理，分梳出共和政体、君主政体和专制政体，并比较了各种政体的性质和原则及其与法律的关系，但他在这两编中并未详细阐述一个国家的政体是如何生成的，对这个问题，需要关注孟德斯鸠的《罗马盛衰原因论》和《论法的精神》第六编有关法国政治法与公民法起源的讨论。这些讨论具有非常重要的意义，因为这些讨论奠定了历史法学的基础。如埃利希所言："早于布莱克斯通——他从孟德斯鸠那学了很多——大约二十年，早于伯克和萨维

① 这一点显示出孟德斯鸠与后来历史法学派的差别，孟德斯鸠强调立法者的作用，而萨维尼和梅因对此都持怀疑态度。比如梅因就批评孟德斯鸠，认为"孟德斯鸠似乎把人类的本性看作是完全可塑的，它只是在被动地重复着它从外界所接受的印象，在绝对地听命着它从外界所接受的刺激。而他的制度所以不能成为一个制度，无疑地，错误就是在这里。他过低地估计了人类本性的稳定性"。参见亨利·梅因：《古代法》，沈景一译，商务印书馆1997年版，第66—67页。

② 参见弗里德里希·梅尼克：《历史主义的兴起》，陆月宏译，译林出版社2009年版，第131—132页。

尼半个世纪，孟德斯鸠就意识到，法律史远不止对奇闻逸事的连续叙述，他看到，展示社会制度的进程是解释社会结构的一种方法，他已经看到了既往历史的连续性对于理解现在的重要性。为了实现这个目的，他对罗马继承法、早期法国程序法和中世纪封建法做了大量学术探讨。"① 这些研究在今天已经不再具有学术意义，但就历史法学的创生而言，无疑具有决定性的意义。

四、历史法学的公法之维

共和制的罗马、君主立宪制的英国和中世纪的日耳曼-法兰克，是孟德斯鸠的三个伟大的历史世界。在孟德斯鸠看来，"任何社会都是一个历史的总体"，都是历史地生成的，只有回溯到历史深处，才能真正理解社会运转的内在法则。与之相应，孟德斯鸠"抛弃一切作为神正论的历史理论"，② 人类的行为服从一种可以理解的必然性观念，构成历史的不再是命运或幻想，而是各种

① 尤金·埃利希：《孟德斯鸠与社会学法学》，翟志勇译，载许章润组织编译：《哈佛法律评论（法理学精粹）》，法律出版社 2011 年版，第 77 页。
② 路易·阿尔都塞：《政治与历史：从马基雅维利到马克思》，吴子枫译，西北大学出版社 2018 年版，第 45、42 页。

客观的实在。因此必须尊重和理解风俗、法律和事实的多样性，并从多样性中发掘人类历史的普遍法则。在探讨法国封建法起源的时候，孟德斯鸠认为："封建法律犹如一幅美丽的画卷。一颗古老的橡树高高耸立，远远望去，枝繁叶茂，走进观察，树干一株，树根却不见踪影，只有挖开地面才能找到树根。"（701—702）这个论述里面的封建法，完全可以替换成法律或者说政体，而孟德斯鸠要做的工作正是挖开地面寻找树根，从历史中汲取教益贯穿孟德斯鸠思想的始终。

1731 年孟德斯鸠结束了为期四年在欧洲大陆和英国的游历，带着对各国政治体制和风土人情的考察资料，回到了老家拉布莱堡闭门创作。他在 1733 春天写完《罗马盛衰原因论》，1734 年正式出版。虽然孟德斯鸠的写作受惠于 1690—1740 年间长达半个世纪的罗马历史研究运动，[1] 但《罗马盛衰原因论》不是一部严格的历史著作，毋宁说是一部历史哲学和政治哲学著作，孟德斯鸠力图在罗马兴衰起伏的恢宏戏剧中，揭示主宰其命运的普遍法则。"罗马的政府是十分完善的，因为自从它产生以来，它的制度就足以使或是人民的精神，或是元

---

[1] 参见路易·戴格拉夫：《孟德斯鸠传》，许明龙、赵克非译，浙江大学出版社 2016 年版，第 301 页。

老院的力量，或是某些高级官吏的威望永远能够制裁任何滥用权力的事件。"① 限制权力滥用是罗马兴盛的原因，罗马由于对外扩张，逐步失去了这一原则，便是其衰败的原因。

但是正如巴利埃尔指出的，在《罗马盛衰原因论》中，"罗马在这里充其量只是个托词而已，这只是蜿蜒曲折的人类历史中的一个个别情况，是一部鸿篇巨制的尝试性验证"②。孟德斯鸠的尝试无疑是成功的，《罗马盛衰原因论》再次为他带来巨大声誉，也鼓舞了他将《罗马盛衰原因论》中发现的普遍法则结合英国经验，形成《论法的精神》中最伟大的关于权力分配的创见。《论法的精神》第十一章"确立政治自由的法与政制的关系"中第十二到十九节，可以说是《罗马盛衰原因论》核心思想的再次精炼表述。孟德斯鸠意味深长地说"我们永远离不开罗马人"（203），因为我们离不开主宰人类的普遍精神，罗马的历史告诉我们，如何通过合理的权力配置来维持政体的稳定与政治的自由。孟德斯鸠在罗马人的历史中发现了具有普遍意义的历史的稳定性

---

① 孟德斯鸠：《罗马盛衰原因论》，婉玲译，商务印书馆1962年版，第47页。
② 路易·戴格拉夫：《孟德斯鸠传》，许明龙、赵克非译，浙江大学出版社2016年版，第302页。

及其规律。

《罗马盛衰原因论》是《论法的精神》的一个前奏，也可以被看作《论法的精神》第六编的一个章节。第六编是在书籍印刷过程中才加进去的，① 但并非可有可无的添加，因为孟德斯鸠所有的研究不是建立在基督教和自然法之上的，而是建立在社会历史演进基础之上的，第六编的历史研究是《论法的精神》中的思想的根基。第六编探讨了"罗马继承法的起源与沿革""法国公民法的起源与沿革""法兰克人的封建法理论与建立君主政体的关系""法兰克人的封建法理论与其君主制巨变的关系"，再加上《罗马盛衰原因论》，构成了孟德斯鸠有关政治法和公民法的历史研究。这些历史考察非常琐碎，由于资料有限，也未必准确，事实上萨维尼就指出，孟德斯鸠的"罗马法知识确乎一般。职是之故，他的全部作品都是完全站不住脚的。其有关罗马继承法历史的论述，可为一例"。不过萨维尼紧接着也指出"这是他那个时代法学流派完全阙如的结果，是他所无法克服的"。② 但本章关注的不是这些事实问题，本章关注的

---

① 参见路易·戴格拉夫：《孟德斯鸠传》，许明龙、赵克非译，浙江大学出版社 2016 年版，第 333 页。
② 弗里德里希·卡尔·冯·萨维尼：《论立法与法学的当代使命》，许章润译，中国法制出版社 2001 年版，第 93—94 页。

是孟德斯鸠研究的思想和方法意义。比如关于"罗马继承法的起源与沿革"这一章，孟德斯鸠曾经有个引言，出版时被拿掉了，在引言中孟德斯鸠说："在整部著作中已经看到，法律同无数事物之间有无数的关系。研习法学便是研习这些关系。……我相信，除非通过一个例子，否则我们就无法更好地完成这部著作。我选择了罗马法，研究了它有关继承的规定。人们将看到它们如何受意志与好运的影响。对于研习法学的人们来说，我就这个主题所说的东西将是一种方法。"① 这种方法正是日后历史法学派所秉持和坚守的方法。

孟德斯鸠不仅把英国自由的源头追溯到日耳曼的森林，而且认为："对日耳曼人的法律和习俗如果没有透彻的了解，就不可能对法国的政治法有较深入的认识。"（730）孟德斯鸠有个根深蒂固的观念，认为西欧的政治自由来源于古老的日耳曼人在森林中生活时的自由传统，他希望通过追根溯源来为在他的时代所有可能的自由——英国的自由和法国自由的残余——提供历史基础。② 通过这种方法，可以研究大多数民族的法律的诞

---

① 转引自托马斯·L. 潘戈：《孟德斯鸠的自由主义哲学》，胡兴建、郑凡译，华夏出版社 2016 年版，第 212 页。

② 弗里德里希·梅尼克：《历史主义的兴起》，陆月宏译，译林出版社 2009 年版，第 143 页。

生和世代更替。因此，孟德斯鸠的研究不仅有历史主义的思想意义，而且具有历史主义的方法论意义。

正是在这个意义上，笔者认为孟德斯鸠是历史法学的真正开创者。孟德斯鸠将自然法限定在特定的领域内并且相对化其效力，将法律诞生与成长置于社会历史变迁中来理解，并提出民族的普遍精神这一观念，所有这些实际上为历史法学的创生奠定了思想基础。但这一主张要能够成立，还要回答为什么萨维尼和梅因没有将其历史法学思想追溯到孟德斯鸠。首先，萨维尼和梅因无疑都阅读过孟德斯鸠的著作，并且在其研究中加以引用，虽然在一些具体的问题上看法不一，但其问题意识和研究方法是一致的。萨维尼曾说，法学只有两个学派，一个是历史学派，一个是非历史学派，其差别主要在风格和方法上。[1] 如果就风格和方法来看，孟德斯鸠无疑属于历史学派。其次，孟德斯鸠虽然划分了政治法和公民法，但主要关注的还是政治法，而萨维尼和梅因主要关注的是公民法。萨维尼明确将国家法排除在法学的科学研究之外，在萨维尼看来，"法学只有两个主要部分：私法学与刑法学。国家法是对国家宪制进行的体

---

[1] 参见弗里德里希·卡尔·冯·萨维尼：《论〈历史法学杂志〉的目标》，朱虎译，载许章润主编：《民族主义与国家建构》，法律出版社 2008 年版，第 119 页。

系化阐述，无论如何也不能被纳入法学范畴，因为它只是以现实存在的国家为基础，而法学则是把国家看做一个行动者。两者相辅相成，但却不属于同一个概念"。也就是说，萨维尼开创的历史法学只是私法的历史法学，历史法学的公法之维是完全缺失的。① 最后，孟德斯鸠主要按照实用主义思想解释法律的起源和成长，孟德斯鸠承认法律受到各种各样与之关联的因素的影响，其中尤其重视立法者有意识的创造。孟德斯鸠不是将政治人物看作权力政治家，而是看作一位明智的立法者，这些立法者从当时各种各样的制约因素中，想出环境所能允许的最好的宪法。孟德斯鸠明确地讲这本书是写给伟大立法者的，并教导立法者要秉持的精神是宽和适中（682）。② 这显然不同于萨维尼理论，萨维尼认为法律具有双重生命，第一重生命来源于社会意识，第二重生命来源于法学家，这里完全没有立法者的位置。萨维尼和梅因在问题意识和方法上接续了孟德斯鸠的历史法学，但在关注的领域和具体的论断上与孟德斯鸠有很大差别，这种差别最重要的根源是萨维尼和梅因主要关注的

---

① 参见弗里德里希·卡尔·冯·萨维尼：《萨维尼法学方法论讲义与格林笔记》，杨代雄译，法律出版社 2008 年版，第 4、70 页。
② 参见弗里德里希·梅尼克：《历史主义的兴起》，陆月宏译，译林出版社 2009 年版，第 115 页。

是公民法或者说私法，而孟德斯鸠主要关注的是政治法或者说公法，孟德斯鸠代表了历史法学的公法传统。

埃利希曾对孟德斯鸠有个评价："孟德斯鸠完全地经受了一个站在时代潮头的天才的悲剧。他同时代的人仅仅理解他著作中的那些相对来说不重要的、转瞬即逝的东西；而所有那些称得上不朽的东西却被忽略了，没有得到任何共鸣。接下来的几代更喜欢白手起家创建新的工作，而不愿利用孟德斯鸠相当草率地建立的基础。"① 不过孟德斯鸠"那些称得上不朽的东西"并未被完全忽略，而是漂洋过海，被美国建国者们所继承。在美国革命和建国时期，孟德斯鸠的思想产生了巨大的影响，美国人称其为"不朽的孟德斯鸠""名不虚传的孟德斯鸠"，② 革命之前各州的宪法以及 1787 年宪法基本上是按照孟德斯鸠的学说创建的，特别是有关政府机构设立的部分。麦迪逊说："对于这个问题，人们总是请教和引用大名鼎鼎的孟德斯鸠。孟德斯鸠若不是政治科学中这一宝贵原理的创始人，至少，在阐释这一原

---

① 尤金·埃利希：《孟德斯鸠与社会学法学》，翟志勇译，载许章润组织编译：《哈佛法律评论（法理学精粹）》，法律出版社 2011 年版，第 90 页。

② 参见戈登·S. 伍德：《美利坚共和国的缔造：1776—1787》，朱妍兰译，译林出版社 2016 年版，第 148—149 页。有关孟德斯鸠的思想对美利坚创生的影响，可以参看这本书中有关孟德斯鸠的诸多讨论。

理、有效引起世人关注这一原理方面，功劳卓著。"①

美国建国者所关注的不仅是孟德斯鸠有关政府设置方面的思想，如果看 1787 年制宪会议的记录，当时的建国者们大量讨论以英国和罗马为核心的历史，热衷于讨论政府机构与社会各方面的联系，试图从历史中总结出人类历史的普遍法则和科学原理。② 在这个意义上甚至可以说制宪会议是一部现场版的《论法的精神》，美国宪法成为《论法的精神》的制度形态。经由美国宪法，《论法的精神》中"那些称得上不朽的东西"成为现代公法的精神基础。现代法理学研究的一大缺陷就是忘记了公法的法理学，法理学基本上是以私法-司法为基础构建的，而大时代需要重新发现和建构以公法-立法为核心的法理学。孟德斯鸠的著作，无论是《罗马盛衰原因论》还是《论法的精神》，实际上是写给立法者看的，而一个伟大的立法者，一定是伟大的历史法学家，这正是今天重读孟德斯鸠并探讨孟德斯鸠与历史法学的意义。

---

① 汉密尔顿等：《联邦论》，尹宣译，译林出版社 2010 年版，第 329 页。
② 参见戈登·S. 伍德：《美利坚共和国的缔造：1776—1787》，朱妍兰译，译林出版社 2016 年版，第 29 页。

第四章

法律的历史之维：萨维尼论立法与法学的当代使命

一、萨维尼及其时代

约翰·麦克唐奈尔爵士 1913 年编纂出版《历世伟大法学家》一书，赞誉弗里德里希·卡尔·冯·萨维尼为"欧洲所孕育的最伟大法学家"，请注意，并没有说"最伟大法学家之一"，那就意味着是第一或者说顶级的；法国人历来不屑德国学者，但萨维尼尚在人世间，法国就为这位"仇法者"出版了两部传记；而在其祖国德意志，萨维尼被尊为"圣人"，任何对于萨维尼的攻击，无论多么振振有词，都会被视为别有用心，其心可诛。萨维尼何德何能，能够尊享如此殊荣？

萨维尼出生于 1779 年，时处神圣罗马帝国风雨飘摇的晚期。1806 年，萨维尼 27 岁时，拿破仑率军征服普鲁士，逼迫神圣罗马帝国皇帝弗朗茨二世退位，自此神圣罗马帝国大部分地区处在拿破仑的统治之下。1813年，反法联盟在莱比锡战役中打败拿破仑大军，1814年3月攻入巴黎，4月6日拿破仑被迫退位，流放到地中海中的厄尔巴岛，原处于神圣罗马帝国版图内的德意志诸邦终获解放。1814—1815年在维也纳召开的反法同盟大会上，原神圣罗马帝国版图内的34个领土大小不等的主权独立邦国和4个自由城市组成松散联盟，史称德意志邦联。这些邦国实行不同的法律制度，当时至少有三大不同的法律体系和适用区域：《普鲁士通用邦法》适用区域、《法国民法典》适用区域和德意志习惯法适用区域。更为严重的是，上述每个区域内，法律也不完全统一，又有大小不同的差异。拿破仑的入侵，点燃了德意志民族主义情绪，原来松散的邦联现在有了联合起来的诉求。在法学界，希望通过法律的统一来实现德意志邦联的统一的呼声日益高涨，有人建议以《法国民法典》为蓝本，通过编纂德意志民法典来实现统一，也有人建议直接采取奥地利1811年颁布的民法典。

这些主张乍听起来是合理的，但却立即遭到保守派政治学家雷贝格的抨击，雷贝格1814年出版《论〈拿破仑法典〉及其在德国的引进》，认为人人完全自由平等是一种哲学狂热，至少在当时的德国尚存在着贵族与平民的区分，企图在德意志依照人人完全自由平等的理性法原则制定民法典，无异于在市民生活关系领域人为地发动一场革命。针对雷贝格的保守思想，时任海德堡大学的罗马法教授蒂堡即刻发表《论统一民法对于德国的必要性》，以满腔热情论证德国民法统一化即制定统一民法典的必要性。蒂堡声称，我们的民法需要一个彻底的、迅速的转变，只有所有的德意志政府团结一致，努力完成排除单个政府的恣意而适用于全德意志的法典的编纂，德意志人在市民关系上才有幸福可言。蒂堡花费大量笔墨来论述统一民法典对于德意志的好处，即便放在今天，以普通读者的角度来看，蒂堡的主张也是合情合理的，因此蒂堡的主张在当时产生巨大影响，受到广泛关注。

不过，蒂堡文章甫一发表，立刻有人站出来反对，不是别人，正是本章要谈的主人公萨维尼。萨维尼当时还是个学术青年，时年35岁，正在埋头撰写《中世纪罗马法史》，他迅速将为此书撰写的《导论》整理成一本同蒂堡论战的小册子，也就是我们将要重点讲述的人类法学文献史上的经典名篇《论立法与法学的当代使命》。萨维尼对蒂堡的主张进行猛烈还击，引发法学史上一场持续半个多世纪的论战，就连哲学家黑格尔、马克思都不同程度地有所参与。萨维尼的这本小册子，再加上次年创办的《历史法学杂志》，宣扬了历史法学理念，凝聚了一大批同道，共同致力于罗马法与德意志法的历史性与体系性研究，拖延了《德国民法典》颁行将近百年，但最终却成就了《德国民法典》的伟大。这场论战也催生出一个伟大的学派，即历史法学派。历史法学派的核心主张是法律乃民族精神的展现，并据此形成法律的起源、本质、功能等一整套学说。整个19世纪，欧洲法学的版图应该说是历史法学派的天下。直至今日，历史法学仍位列重要法学流派之列。

萨维尼祖上曾是神圣罗马帝国的骑士，祖父官拜威尔堡行政长官，可谓出身名门世家。不幸的是，萨维尼12岁后，三年内痛失双亲和唯一的兄弟。作为一笔巨额财富的唯一继承人，萨维尼在时任帝国法院"助理法官"、以通晓德国国家法而著称的诺依拉特的监护下，于16岁时（1795年）开始在马尔堡大学学习法律。专攻中世纪罗马法的魏斯教授对萨维尼的评价是，他表现出了在罗马法方面的极好的天赋、敏锐的判断力和扎实的知识。1796年至1797年冬季学期，萨维尼在哥廷根大学学习了一个学期，深受历史学家施皮特勒的世界史课程影响，得到了考古式人文主义和哥廷根著名的实用主义历史描述的熏陶。据说萨维尼在哥廷根大学旁听过后来被视为历史法学派精神鼻祖的古斯塔夫·胡果的一次讲座，不过时长只有一个多小时。尽管如此，胡果仍是那个时代对萨维尼影响最大的法学家，胡果也因为萨维尼曾到过他的教室而倍感荣幸，经常向学生指点萨维尼曾经坐过的位置。两位历史法学奠基人的学术渊源如此之浅，但精神气质却高度契合。1799 年 1 月至 1800年 8 月，萨维尼前往图林根和萨克森开始为期一年的游学，在魏玛拜见过大文豪歌德，后世之人经常将萨维尼与歌德相媲美，他们的人生具有不可思议的相似性，而且歌德的教女勃伦塔诺是萨维尼的小姨子，两个人也算沾亲带故。萨维尼在耶拿旁听哲学家谢林、历史学家施莱格尔、法学家费尔巴哈的课，那时的学生多自由啊，可以到处游学听课。1800 年 10 月萨维尼回到马尔堡，为了获得母校刑法学教职而完成一篇刑法学博士论文《论犯罪的竞合形式》，毕业后在母校担任刑法学讲师。不过萨维尼从 1801 年开始转向讲授罗马法，从此罗马法的教学与研究成为其终身志业。

　　1803 年，年仅 24 岁的萨维尼出版了第一部罗马法研究专著《论占有》，一时间洛阳纸贵，不仅在德国，甚至在整个欧洲获得广泛赞誉。1810 年萨维尼应邀担任正在筹建中的柏林大学的罗马法与民法教授，并于1812—1813 年继哲学家费希特之后担任柏林大学校长。1814 年萨维尼出版了我们将要重点讲述的《论立法与法学的当代使命》。1815、1816 年相继出版扛鼎之作《中世纪罗马法史》前两卷，1817年出任普鲁士枢密院议员，1819年出任柏林上诉法院法官，1831年《中世纪罗马法史》最后一卷即第六卷出版，1840年开始陆续出版规模更为宏大的八卷本《当代罗马法体系》，1842年出任国务与司法大臣，1847年任枢密院和内阁主席，1848年革命后退守书斋，潜心著书立说，1861年10月在庆祝获颁博士学位60周年后的第4日，萨维尼在"平静而满怀希望中"魂归道山，享年82岁。

如果在人类法学发展的历史中每个时代选择一个代表性人物，19世纪无疑属于萨维尼，萨维尼参与的这场论战催生了历史法学派，几乎主导了整个19世纪的法学，并成就了《德国民法典》的伟大。《论立法与法学的当代使命》是历史法学派的"圣经"，那么这本小册子究竟讲了什么，竟能够在法律思想史上引发如此大的波澜？下面我从中抽取四个主题，即"法律的双重生命""萨维尼与蒂堡的法典之争""历史法学派与《德国民法典》""法律与民族精神"，讲解这本经典名篇。

二、法律的双重生命

上一节讲了萨维尼及其时代，从这一节开始，着重讲解萨维尼最具代表性的著作《论立法与法学的当代使命》，这本小册子从实在法的起源开始谈起，在谈到实在法的起源时，萨维尼有一段经典论述：

> 在人类信史展开的最为远古的时代，可以看出，法律已然秉有自身确定的特征，其为一定民族所特有，如同其语言、行为方式和基本的社会组织体制。不仅如此，凡此现象并非各自孤立存在，它们实际乃为一个独特的民族所特有的根本不可分割的禀赋和取向，而向我们展现出一幅特立独行的景貌。将其联结一体的，乃是排除了一切偶然的与任意的意图的这个民族的共同信念，对其内在必然性的共同意识。①

这段话很长，读起来也有些拗口，但意思还是很明确的。法律就像语言一样，从其产生伊始，便具有自身的特性，这种特性是与民族特性联系在一起的，其核心就是这个民族的共同信念和共同意识，由此形成萨维尼晚年的经典论断"法律乃民族精神的展现"。

---

① 弗里德里希·卡尔·冯·萨维尼：《论立法与法学的当代使命》，许章润译，中国法制出版社 2001 年版，第 7 页。为了行文简洁，以后凡引本书的内容，直接在括号内标注页码。

不过如果认为这就是萨维尼有关实在法起源思想的全部，那就错了，这只是萨维尼有关实在法起源的一种论述，是法律的第一重生命，法律在发展进化的过程中，还获得了第二重生命。萨维尼认为在人类文明演进过程中，法学家越来越成为一个特殊的阶层。"法律以前存在于社会意识之中，现在则被交给了法学家，法学家因而在此领域代表着社会。"（9）亦如语言一样，语言是人类社会自生自发的，据说全世界有五千多种语言，一些很小的部落都有自己语言，这些语言怎么产生的呢？是自生自发的。只有当语言学家掌握了语言的基本规则，语言学才产生，并进而赋予语言新的生命。所以在萨维尼看来，法律实际上具有双重生命："首先，法律是社会存在整体中的一部分，并将始终为其一部分；其次，法律乃是掌握于法学家之手的独立的知识分支。"（10）萨维尼将法律作为社会存在的一部分，也就是法律的第一重生命称为法律的"政治因素"，将法律独特的科学性存在，也即法律的第二重生命称为法律的"技术因素"，并认为所有后续的各种现象，均可由法律的这两种存在形式间的依存合作关系而获得解释。萨维尼有关法律的双重生命的论述非常重要，这是我们理解这本书并打开萨维尼思想府库的钥匙，也是我们今天要讲述的核心问题。

先来看看法律的第一重生命，萨维尼认为法律是民族文化的有机组成部分，是在人类历史中自生自发地成长起来的，一切法律均缘起于行为方式，在日复一日的行为方式之中，习惯法渐次形成，也就是说，法律首先产生于习俗和人民的信仰，法律的这种自生自发状态是法律最本真的第一重生命；但是人类文明的发展要求法律必须逐步明确化、规则化、体系化，以便于民众共同遵守，这是法律自身无法自发完成的，必须通过法学家之手，因此，法学家对于法律的历史性和体系性研究便赋予法律第二重生命。法律呈现为法学家所创造的概念、规则、原则，并被建构为一个完整的体系，法律从自发状态进入自觉状态。法律的第一重生命为法律提供了质料，所谓质料，也就是法律的原始内容，通常表现为人们习以为常的行为方式和思想意识，习惯法是最重要的表现形式；法律的第二重生命为法律提供了形式，所谓形式，也就是由法律概念、规则、原则及其构成的法律体系，将法律质料用法言法语体系化地表达出来。质料与形式的完美结合，才能造就人类最完善的法律。不知大家有没有注意到，在萨维尼所阐述的法律的双重生命中，似乎缺少了一个重要的主体，那就是我们当代人所熟知的立法者。在法律的创制过程中，似乎完全没有立法者的地位。萨维尼认为立法者受制于各种利益团体，常常是专断和任意的，为了实现某些特定的目的，常常扭曲甚至败坏法律，因此是法学家而非立法者赋予了法律第二重生命。不过萨维尼并非完全否定立法，而是要求立法服从法学，立法者服从于法学家，或者说法学家直接参与立法，这就不难理解萨维尼先后出任枢密院议员、柏林上诉法院法官，最后官拜枢密院和内阁主席，这才是真正的学者型官员，不像现在，混个在职博士就敢说是学者型官员。

虽然在这本论战的小册子中，萨维尼尚未使用民族精神这个概念，仅仅说法律存在于民族的共同意识、共同信念之中，但如果说法律是民族精神或者说民族共同意识、共同信念的展现，那么按常理，萨维尼最应该致力于德意志法律传统的研究，并在此基础上建构出具有德意志民族特性的法律体系。然而，萨维尼终其一生均研究罗马法，六卷本的《中世纪罗马法史》和八卷本的《当代罗马法体系》是其一生罗马法研究的学术结晶；而对于德意志法律，萨维尼基本上从未深入研究过，这是后世之人经常诟病萨维尼的地方。那么如何来理解萨维尼的这种研究取向呢？实际上萨维尼在这本小册子的第四章和第五章中已经给出了答案。

萨维尼的上述理论如果要成立，需要一个国家有悠久且连续的历史，并且有一群卓越的法学家，如此法律才能够自生自发地生长并通过法学家之手成熟起来，罗马是这方面的典范，而德意志两者均无。先说说罗马法，今天所谓罗马法，主要是指罗马王政时期、共和时期以及帝制早期逐步形成的融合了习惯法、制定法、元老院决议、长官告示、皇帝敕令、法学家问答等各种法律渊源于一体的法律汇编。公元 6 世纪东罗马皇帝查士丁尼为重振罗马帝国，成立了法典编纂委员会，先后完成了三部法律汇编：第一部是《查士丁尼法典》，收集整理了历代罗马皇帝颁布的敕令；第二部是《查士丁尼法学总论》，也被称为《法学阶梯》，是阐述罗马法原理的简明读本和官方指定的法学教科书，具有法律效力；第三部是《查士丁尼学说汇纂》，也被称为《法学汇编》，将历代罗马著名法学家的学说著作和法律解答分门别类地编辑整理，进行摘录，凡收入的内容均具有法律效力。查士丁尼皇帝去世之后，法学家又编辑整理了查士丁尼皇帝在位时颁布的敕令 168 条，称为《查士丁尼新律》。不过这项工作只发生在东罗马帝国，西罗马帝国早在公元 476 年就分崩离析了，后来一直处在所谓蛮族国王和贵族的统治之下。但是公元 1135 年在意大利北部发现《学说汇纂》原稿，从此在原西罗马帝国的疆域内揭开了罗马法复兴运动，一直持续到 16 世纪，形成中世纪罗马法及罗马法学。

在萨维尼看来，罗马法的发展史是最符合他的理论预设的。罗马民族的历史悠长且从未中断过，迄至古典时代，罗马法的历史展现出一种渐进而有机的全面发展过程，罗马法如同习惯法，几乎全然是从自身内部圆融自洽地发展起来的，而罗马民族的法律天赋极其卓越，产生了一大批伟大的法学家，罗马法的理论和实践因此是同一的。他们的理论建构是为了法律实践，而他们的法律实践因为受到理论的指引而全然升华。萨维尼认为："罗马法的根本价值在于，以其特有的纯粹形式，蕴涵了永恒的正义规则，因而赋予自身以自然法的秉性，而其具有的实际惩罚功能，则又使其具备实在法的功能。"（22）因此，萨维尼终其一生研究罗马法，实际上是要寻找罗马法自生自发历史中所造就的基本概念、规则和原则，以及罗马法学家发展罗马法的法学方法。正是这些基本概念、规则和原则，造就了罗马法学家们的卓尔不群。法学家们创造出的概念、规则和原则，绝非任意妄断的产物，实为罗马法中的真实存在，经由长期而精深的探求，罗马法学家们洞悉其存在与谱系。

再来看看德意志法律。在萨维尼的时代，德意志尚未实现统一，德意志各邦之间是松散的联盟关系。就法律体系而言，每个邦都有自己的法律，同时也有以罗马法为基础的"普通法"或者叫"共通法""通用法"，主要的渊源便是查士丁尼时期的各种法律汇编，经过适当的修改，为德意志各邦共同遵守，所以德意志境内法律非常庞杂，这也正是蒂堡主张通过制定统一的民法典来统一德意志法律的原因。萨维尼认为，任何一个国族的发展都不可避免地受到外族的影响，宗教不一定是本土的，文化也可能是外来的，因此德意志继受罗马法实属自然之事。即便没有罗马法的渗入，德意志也不可能有一个不受外来因素扰乱的德意志法律的连续发展过程，德意志民族从一开始就经历了诸多狂飙突进的革命，几乎很少有古老民族的独特事物得以传承下来。因此，罗马法对于德意志的重要性不言而喻。除了前述的共通法，德意志诸邦中的法律也含有大量的罗马法，新制定的法律更是主要借鉴罗马法，因此，脱离了罗马法，德意志法律根本就无法存活，这既可以解释萨维尼为何不去研究德意志法律传统，也从反面说明了萨维尼为什么终其一生研究罗马法。

对这部分做个简单总结：法律具有双重生命，德意志法律源于德意志民族之天性，其生命力源远流长；而罗马法除了历史价值外，因其高度成熟，可以成为法学家科学劳作的模式与典范，德意志法学家只有掌握了罗马法的原则与方法，才能赋予德意志法律以第二重生命，经由罗马法，超越罗马法，最终将罗马法与德意志法律融为一体。在下一节"萨维尼与蒂堡的法典之争"中，这个问题将会得到进一步的说明。

三、 萨维尼与蒂堡的法典之争

上一节讲了"法律的双重生命"，这是萨维尼与蒂堡论战的理论基础，这一节我们就讲讲萨维尼是如何批评蒂堡的法典化主张的。萨维尼在小册子的结尾处，对主张即刻制定统一德国民法典的蒂堡做了点名批评，但是萨维尼坦言，他与蒂堡所追求的目标是一致的，他们都渴望拥有一个坚实的法律制度，以抵御任意专断与伪善的法律对德意志民族的伤害；同时，他们都寻求国族的统一与团结。然而，对于实现这些目标的手段，他与蒂堡的看法大相径庭，蒂堡急切地渴望一部法典，并认为可以在短时间内举全国之力完成，但萨维尼却认为德意志民族尚不具备制定一部法典的能力。萨维尼因为主张历史法学研究中的民族精神，经常被后世之人污蔑为德意志民族主义者，可就是这样一个人，却认为德意志民族尚不具备制定一部法典的能力，这又是为什么？

这就要先谈谈什么是法典以及法典的特征了。萨维尼认为，法典是对全部现有法律的系统性整理与编纂，并且具有由国家赋予的排他性效力。当蒂堡说要制定一部统一的民法典时，事实上他讲的是市民法典，内容包含私法、刑法和诉讼法，这实际上几乎要将德意志所有的法律通盘考察一遍，使其变成系统的书面形式；而一旦法典编纂完成，迄今为止有效施行的其他法律将被法典取代，而不再实施。因此，与一般的法律相比较，法典具有如下三个特征：法典的第一个特征是完备性，法典要将某一领域内的全部法律囊括其中。蒂堡主张制定统一的民法典，是要将市民生活领域中的一切法律全部编纂到一部法典之中。法典的第二个特征是体系性，法典并非将某一领域内的法律简单地汇总起来，那只能称为法律的汇编，而非法典。法典要求将其所囊括的所有内容进行体系化处理，体系化如同织网一样，不但要将全部可能涉及的法律问题囊括其中，而且要求条分缕析地编排起来，这要求非常高超的法典编纂技术，需要有一群学术造诣高超的法学家群体和立法者。法典的第三个特征是权威性，也就是所谓的排他性效力。法典一旦颁行了，就成为此一领域最高甚至唯一的法律。如果法典颁布了，还要再制定其他的法律，那么法典的完备性和体系性就大打折扣了，制定法典的意义也就大打折扣了。因此，法典实际上具有很强的专断性，一旦制定，就排斥同领域内的其他法律。现代的研究者早已指出，罗马法原本具有浓重的群众自治特色，但一经查士丁尼编纂，就带上了拜占庭国家专制的特点，因为它堵死了其他法律形式的生存空间。

以上所述法典的特征，仍然只是形式上的要求，尚未谈及法典的内容。萨维尼质问，如果我们要编纂一部法典，那么法典的内容从何而来呢？内容无非两种来源：其一是整理现行的法律，其二是创造新的法律。但是无论哪种来源，都逃脱不了罗马法的影响，因为德意志现行法律大多是参照罗马法制定的，而如果创造新法律，也不可避免地要借鉴罗马法的内容。可是德意志法学家对于罗马法尚未进行系统深入的研究，在这种情况下制定法典，无异于将立法者的专断意志变成法律。因此萨维尼警告说，法学研究中的最大难题在于，对于基本的公理和原理进行厘清和辨别，从中推导出存在于一切法律概念和规则中的内在联系及其确切的亲和程度。如果在尚未达到此一技术的时刻编纂法典，那么不但立法者会将其专断意志掺入法典之中，司法者也会在法典之外寻求其他的权威资源，法典的权威性就会大打折扣。萨维尼这一警告，对于我们现在的民法典编纂，也是一种警醒。

萨维尼借用培根的话说，应当制定一部法典的时代，必当在智慧上超越此前的一切时代，因此一个必然的结论是，其立法能力必定为其他时代所不及。不幸的是，岂止整个18世纪，德国不曾诞生过什么伟大的法学家，因为伟大的"法学家必当具备两种不可或缺之素养，此即历史素养，以确凿把握每一时代与每一法律形式的特性；系统眼光，在与事物整体的紧密联系与合作中，即是说，仅在其真实而自然的关系中，省察每一概念和规则"(37)。也就是说，法学家必须同时是历史学家和哲学家，或者兼具历史学家和哲学家的素养。而在德国的法学家中，根本找不到兼具这两种素养的法学家，因此，在这样一个时代制定一部优秀的法典是不现实的。

萨维尼认为，对于制定法典的必要性和可行性问题，罗马法的历史也给了我们很多启发。在罗马古典法学家的时代，制定一部优秀的法典并不困难，三位最为卓越的法学家帕比尼安、乌尔比安和保罗均为大执法官，如果他们认为制定法典是有利的或者必要的，他们完全有能力制定出一部优秀的法典，但他们并未制定法典，因为罗马法在生机勃勃地发展中，毫无制定法典的必要。反倒是公元6世纪，罗马帝国衰落时期，开始了罗马法的编纂运动。很显然，只要法律处于生机勃勃的进步状态，则无须制定法典，放手让法律茁壮成长即可；只有在罗马法极度衰败之时，才会出现编纂法典的念头。萨维尼打了个比喻，编纂法典就像我们为冬季储存物资一样，是在为一个不幸的后继时代预做准备。

那么如何来证明那个时代的法学家尚不具备编纂一部优秀法典的能力呢？萨维尼在这本小册子中，花费了非常大的篇幅认真检讨新近制定的三部新法典，即1794年《普鲁士通用邦法典》、1804年《法国民法典》和1811年《奥地利民法典》。这里提到的《普鲁士通用邦法典》是指适用于整个普鲁士邦的法典，因为在此之前普鲁士邦内部法律也是不统一的，"通用"的意思是共同适用。在萨维尼看来，这三部法典无论在内容的完备性上，结构的体系化上，还是法典制定者的素养上，均存在很大的缺陷，对于罗马法的肤浅的乃至错误的理解是其中最为严重的问题。如果德意志制定的法典无法超越这三部法典，不能避免这些法典的缺陷，那么德意志法学家最好还是老老实实做些基础性法学研究吧。

在萨维尼看来，历史法学研究的目标，"在于追溯每一既定的制度直至其源头，从而发现一个根本的原理原则，借此依然具有生命力的原理原则，或可将那些毫无生命、仅仅属于历史的部分剥离开来"（87）。萨维尼坚信，法律内在地蕴含着一些基本的原理原则，潜藏在历史累积形成的法律材料中，这些原理原则并非任何人任意妄断之物，实乃真实的存在。法学家的职责就是发现这些原理原则，并在此基础上发掘出这套精密的概念-规则体系，从而建立具有普遍联系性的法律规范体系。

萨维尼赋予法学研究以科学性，罗马法是法学家科学劳作的模式和典范，其方法论意义是无与伦比的。萨维尼认为法学是一门历史性科学，同时也是一门哲学性科学，法学完整的品性是将历史性科学与哲学性科学统一起来。这里颇为吊诡的是，看似非理性的浪漫主义的历史法学，其实孜孜以求的是法学研究的科学性。在那个时代，所谓的科学性也就是一种哲学化的处理，特别是根据康德哲学所做的研究。"'哲学化的'处理，是把这些素材组成一个'内在体系'，这个体系……不再是法律规范的单纯'堆砌'，而应建构出法律素材的普遍精神关联。这一形式与素材的方法论关系，正好适合当时那种追求从康德的精神出发革新各种精神科学的理想。"[1] 也就是说，哲学是精神科学的最高形式，因此法律的历史研究实际上服务于法律的哲学研究，历史是实现法律哲学研究的一份素材，在萨维尼的方法论中，对

---

[1] 弗朗茨·维亚克尔：《历史法学派形象的变迁——1967年1月19日在卡尔斯鲁法学研究会上的报告》，载艾里克·沃尔夫：《历史法学派的基本思想（1814—1840年）》，法律出版社2009年版，第64页。

法律的历史处理与哲学处理具体地结合起来。这或许也是终身以法律为业的萨维尼能位列欧洲最伟大哲学家榜单的原因吧。

萨维尼寄希望于通过对罗马法的科学研究，发掘出一套科学的方法论和精密的概念-规则体系，进而赋予部分自生自发、部分继受于罗马法的德意志法律以坚实的逻辑形式，从而摆脱社会与政治领域的不确定性与专断，以技术因素驯服政治因素，保障市民社会的私法自治。萨维尼一直认为立法者是专断的，法学家要通过法律内在的原理原则以及法学家赋予法律的规范形式，来抵御各种专断意志的侵袭，捍卫法律的正义品质，进而保护市民社会的正义生活。正是这一论战，导致《德国民法典》的编纂拖延了半个多世纪，但却最终成就了《德国民法典》的伟大。

四、 历史法学派与《德国民法典》

上一节讲到萨维尼与蒂堡的论战导致《德国民法典》的编纂拖延了半个多世纪，但最终成就了《德国民法典》的伟大，这一节具体讲讲萨维尼与历史法学派是如何成就《德国民法典》的。1815 年夏季，为了阐明历史法学宗旨，推动历史法学研究的深入，萨维尼与柏林大学同事、法律史教授卡尔·弗里德里希·艾希霍恩、约翰·弗里德里希·路德维希·戈申共同创办历史法学派的机关刊物《历史法学杂志》。在创刊号的发刊词中，萨维尼写道：对于此项共同事业，编者所确定的是，风格和方法的完全一致，法学必须以这种方式被考虑和讨论。法学家自身可以分为两个学派，一个学派通过历史学派这个名称就足以描述，而对于另外一个学派而言，不可能找到一个明确的名称，因为它在本质上只是在对立于第一个学派的意义上才是一个学派，它们有着最为不同的和最为矛盾的形式，时而是哲学和自然法，时而是健全的人类理性。因为缺乏其他表达，我们就称呼它们为"非历史"学派，比如当时的沃尔夫学派、优雅学派、哥廷根学派、历史-哲理法学派。

萨维尼强调历史法学派内部在风格和方法上的一致，而非内容上的一致，因此历史法学派内部实际上形成两个支派：一个是罗马派，一个是日耳曼派。罗马派以萨维尼、普赫塔、温德沙伊德等人为代表，他们主要致力于研究查士丁尼的《学说汇纂》，探究实在的法律公理以及相应的概念和规则，提炼法学研究的方法，锤炼德语的法律表达方式。以萨维尼为例，除了《论立法与法学的当代使命》外，萨维尼还有三部可以流芳百世的巨著：1803年出版的《论占有》，1815—1831年陆续出版的六卷本《中世纪罗马法史》，1840—1849年陆续出版的八卷本《当代罗马法体系》。《论占有》一书以精湛且细腻的文字，梳理了古代罗马法以及中世纪注释法学派的法学文献中各种各样的占有权概念及其演变，据此构建出占有权的理论体系，兼具"历史性"与"哲学性"，被著名法律史学家维亚克尔称为"历史法学派专著的范本"，被法社会学家埃利希称为"历史法学派为实用法学所作的真正纲领性著作"。有趣的是，萨维尼日后的论敌，时任耶拿大学罗马法教授的蒂堡盛赞萨维尼这本书"极有启发、极富才智"，称萨维尼为"我们的第一流民法学家"。

萨维尼在广泛搜罗欧洲各大图书馆原始资料的基础之上，1815—1831年陆续出版的六卷本皇皇巨著《中世纪罗马法史》，发掘了尘封久远的"古罗马法的晦涩文献"，梳理了西罗马帝国灭亡之后罗马法在公元5—15世纪流传的过程，第一次开创了"法律史的现代学科"，所取得的学术成就至今无人超越。1840—1849年萨维尼陆续出版规模更为宏大的八卷本《当代罗马法体系》，核心内容是基于罗马法研究而建构的当代私法的体系，萨维尼原计划写七编，包括法律渊源、法律关系、法律规则对法律关系的适用、物权法、债法、亲属法、继承法。八卷本《当代罗马法体系》事实上只涵盖了前三编，相当于总则部分，因公务繁忙和年事已高，后面的分则部分即物权法、债法、亲属法、继承法均未来得及撰写。可以预计，如果全部七编均撰写完，可能要有二三十卷本。在《当代罗马法体系》中，萨维尼在语言和写作方式上尽显古典平衡感，对流传下来的罗马法进行体系性与历史性的全新统一，提炼出了一般法学原理。书中的诸多概念和论述，成为现代民法教义学的典范。而第八卷有关解决法律规则适用冲突的"法律关系本座说"，竟成为国际私法发展史上的里程碑，被誉为国际私法史上的哥白尼革命，萨维尼因此被公认为现代国际私法的奠基人之一。

普赫塔被誉为"历史学派第二首脑"，终身致力于罗马法的德国化和罗马法的现代化，其主要贡献是创造概念的金字塔和概念法学。所谓的概念法学，强调对法律概念的分析以及构建法律概念之间的关联，从而利用法律概念，构建出一个金字塔形状的概念体系。著名法律史学者维亚克尔这样评价普赫塔：虽然在精神层次和观照能力上，普赫塔与萨维尼尚不可相提并论，但自19世纪30年代起，普赫塔在体系和概念建构上，显示出的逻辑力和民法学方法论上的影响力均超越了萨维尼。温德沙伊德则以普赫塔的形式-概念方法为榜样，致力于学说汇纂法学的理论建构，三卷本的《学说汇纂法教科书》成为学说汇纂学派的典范，温德沙伊德是《德国民法典》的起草人之一，为《德国民法典》的编纂做出了巨大贡献。

再来看看日耳曼派，以艾希霍恩、格林、贝勒斯和吉尔克等为代表，日耳曼派对罗马法没有好感，他们集中研究德意志的法律传统与法律文化。艾希霍恩早在1808年就出版了《德国法律史与国家史》，成为德意志法律史研究的典范，艾希霍恩也因此被誉为"德国法律史之父"。雅各布·格林，也就是著名的《格林童话》编纂者之一的格林，是萨维尼的学生，比萨维尼小七岁，亦师亦友，但却走了一条跟萨维尼截然不同的道路。格林对日耳曼人的传统保持着极其虔敬之心，不仅与弟弟威廉·格林搜集整理了《格林童话》，而且合编了《德语大辞典》，其撰写的《德语语法》在德国语言学上具有举足轻重的地位。格林也是法学家，出版《论法中的诗意》、《德意志法律遗产》、四卷本《判例汇编》，在当时产生了重大影响。罗马派和日耳曼派早期在《历史法学杂志》的麾下一直和平共处，双方研究的内容虽然不同，但风格和方法一致。不过，日耳曼派的贝勒斯1843年出版的《民族的法与法律人的法》则将历史法学派内部两个支派彻底分裂，贝勒斯批评德国继受罗马法是"国家民族的不幸",导致"法律人的法律"主宰德国人,他高举民族精神说,提出民族法理论。吉尔克则注重从社会经济的角度考察德意志法律传统,他的口号是"德国法是社会性的法律",他那本数千页巨著《德国合作社法》被其弟子马克斯·韦伯誉为伟大的作品,为日后的法律社会学研究预先铺路。

1871年俾斯麦统一德国,民法典编纂有了现实的政治基础,1874年民法典编纂工作正式启动,历时22年,于1896年完成,1900年1月1日开始实施。《德国民法典》的编纂者主要是实务家,如高等法官和部会官员,委员会中只允许两名教授参加,一位是罗马派的温德沙伊德,一位是日耳曼法学家罗特,他们实际上代表了历史法学派的两个支派。虽然编纂者主要是实务家,但由于历史法学派在罗马法和日耳曼法研究上取得的丰硕成果和巨大成就,《德国民法典》事实上以罗马派的后期形态即学说汇纂学派的学理为基础,并融合了德意志法律传统,因此历史法学派的两个支派共同成就了《德国民法典》的伟大。

前面讲过,19世纪是历史法学派所主导的世纪,萨维尼与德国历史法学派的思想漂洋过海,对英美以及其他地方的法律思想也产生了巨大影响。在英国首推亨利·梅因,1861年出版的《古代法》奠定了英国历史法学的基础，另外保罗·维诺格拉道夫、詹姆斯·布莱斯以及梅特兰等都深受历史法学派思想的影响。在美国首推挫败纽约州法典化运动的詹姆斯·库利奇·卡特，卡特的《法律的起源、发展与功能》接续了历史法学派的思想，是19世纪最后25年主流法律思想的顶峰。东亚地区的中日韩经由继受德国民法，也深受萨维尼和历史法学的影响，无论是萨维尼的民族精神说还是罗马法研究和法学方法论，直至今天仍是大学课堂中必讲的内容，历经百年，历久弥新。萨维尼和历史法学派的思想魅力，集中体现在颇受争议的民族精神说中，下一节我们将通过讲解法律与民族精神，来总结萨维尼和历史法学派的思想成就与不足。

五、 法律与民族精神

上一节讲到萨维尼和历史法学派如何成就了《德国民法典》的伟大，但仅此并不足以奠定萨维尼和历史法学派的地位。萨维尼与蒂堡的论战，表面上是关于是否即刻制定德国民法典的，实际上涉及法律的起源、本质与功用，涉及法理学的根本性问题。正因为如此，这一学术论战才历久弥新，至今仍具有学术和思想意义。

历史法学派这一名称就昭示了历史在这一学派中的重要性，萨维尼重视历史特别是罗马法的历史，是因为在他看来，任何时代都不是独立地和任意地被创造出来的，而是在与整个过往的不可分割的联系中成长起来的。在萨维尼看来，历史，即便是一个民族的幼年，都永远是一位值得敬重的导师。只有通过历史，我们才能与民族的初始状态保持有机的联系，而丧失了这一联系，也就丧失了每一民族的精神生活中最为宝贵的部分。我们不可能将依然在世的法学家们的各种影响和思想模式全然泯灭或消除，也不可能完全改变现有的各种法律关系，正是因为这两种不可能性，代与代之间总是存在着不可斩断的有机联系。在代与代之间，既非绝对的终结，亦非绝对的开始，而仅仅是连续不断的发展。当然，这并不意味着过往的法律是至高无上之物，更不意味着历史对当下和未来的永恒主宰，历史的意义毋宁是提供当下与过往的有机联系，在这种有机联系中，我们才能拨开外在现象，把握其内在本质。历史是真正值得敬重的导师，回溯历史，是为了认识当下，从而面向未来。

就此而言，就像法律具有双重生命一样，历史对于萨维尼和历史法学派同样具有双重意义：一方面，历史只是一份有待处理的杂乱无章的素材，是法学研究不得不去处理的历史材料；另一方面，历史本真地存在着、蕴含着一套有待发掘的充满必然性的规范体系。因此无论是德意志的习惯法，还是古往今来的罗马法，作为历史素材，它们或许大异其趣，但作为历史之本真，它们实则内在一致，因为历史必然展现出人类的某种普遍性的精神结构。因此，在萨维尼看来，历史法学研究旨在"赋予法律素材一种精神-逻辑的形式。这一学术目标必须是一个'真实的体系'，即法律规范的内在关联，以代替描述'外在体系'的纯'素材堆积'"①。这句话听起来比较拗口，但我们可以注意到内在的"精神-逻辑的形式"与外在的"素材堆积"的对立。是的，历史法学研究就是要从杂乱无章的法律素材堆积之中发现法律内在的"精神-逻辑的形式"。

　　与这种双重历史观相伴而来的，是萨维尼的民族精神说。法律乃民族精神的展现，这常常被视为萨维尼和历史法学派的标志性论断，但据卡尔·曼海姆的研究，直到1840年，可能受到著名法学家普赫塔的影响，萨维尼才开始使用"民族精神"一词。在《论立法与法学的

──────────

① 弗朗茨·维亚克尔：《历史法学派形象的变迁——1967年1月19日在卡尔斯鲁法学研究会上的报告》，载艾里克·沃尔夫：《历史法学派的基本思想（1814—1840年）》，法律出版社2009年版，第56—57页。

当代使命》这本小册子里，萨维尼只是用了民族的共同信念、共同意识。读者往往习惯于将萨维尼和历史法学派的精神源头归属于德国浪漫派。德国浪漫派反对启蒙哲学的世界观，反对超验的、普世的理性标准，认为所有民族都有自己独特的生活方式，超民族的普世价值并不存在。他们以历史反对理性，认为历史不是理性的，相反，理性则是历史的。但是正如著名的法律史家维亚克尔所言："把萨维尼指派给浪漫派完全失去其意义……毋宁是，必须从其自身出发，把他理解成一个在那场德国精神的普遍运动中，独立的、具有万有引力的中心。"① 也就是说，不能简单地将萨维尼归属于文化上的浪漫派，如果一定要在这场精神运动中定义萨维尼，则萨维尼开创了浪漫派中独特的一脉，这体现在他对民族精神的独特理解上。事实上，萨维尼的著作中并没有直接阐述何为民族精神，对具有类似含义的民族信念、民族意识也是一笔带过。但从他对法律的历史渊源、双重生命以及法学研究的科学使命的论述中，可以合理地推断，萨维尼所谓的民族精神，蕴含在法律发展的历史

---

① 弗朗茨·维亚克尔：《历史法学派形象的变迁——1967年1月19日在卡尔斯鲁法学研究会上的报告》，载艾里克·沃尔夫：《历史法学派的基本思想（1814—1840年）》，法律出版社2009年版，第54页。

中，在罗马法发展的历史中体现得尤为明显。萨维尼在意的民族精神主要不是神秘莫测、无可名状的文化和历史的生命轨迹，而是在民族历史文化中孕育成长的，且被法学家的科学劳作所提炼出来的那套法律的原理原则和概念规则体系，以及由此形成的具有普遍联系的法律规范体系。亦如法律具有双重生命一样，民族精神也具有双重生命：第一重生命是原生态的、自生自发的、浪漫主义的民族精神，诗人、文学家往往对这重民族精神津津乐道；第二重生命是经由法学家之手发掘出来的具有普遍联系的法律规范体系呈现出来的民族精神。法律乃是民族精神的展现，但民族精神经由法律展现出来的形象是法律化的民族精神，体现在一套法律的原理原则和概念规则体系之中。法律的双重生命对应着双重民族精神。因此，萨维尼的民族精神不是浪漫主义的，而是理性化的，当然你也可以说，这样一种理性化的民族精神也是浪漫主义的。

萨维尼理解的历史和民族精神都具有双重性，但萨维尼理解历史和民族精神的法学视角却是单一的，那就是私法学或者说民法学的视角。在萨维尼看来，"法学只有两个主要部分：私法学与刑法学。国家法是对国家宪制进行的体系化阐述，无论如何也不能被纳入法学范畴，因为它只是以现实存在的国家为基础，而法学则是把国家看做一个行动者"。① 也就是说，在萨维尼看来，法学研究的对象仅限于私法和刑法，这里讲的私法的私是私人的私，指处理私人之间民商事关系的法律。萨维尼将国家法，也就是我们现在通常所说的宪法，排除在法学研究对象之外，因为萨维尼将国家视为一种事实状态，国家法被视为对这种事实状态的描述，无法进行规范性研究。萨维尼的这一认识是有问题的，国家法或者说宪法不但可以成为法学研究的对象，而且必须成为法学研究的对象，否则后患无穷。遗憾的是，正因为萨维尼有如此认识，萨维尼和他所开创的德国历史法学主要专注于私法规则的提炼和私法体系的建构，萨维尼对整个罗马法的研究实际上仅限于罗马法的私法部分，对于同样发达的罗马公法，基本上没有涉及。这样一种以私法为核心的历史法学研究，实际上是建立在国家与社会二分的思维结构之上的，借用著名法律史学者维亚克尔的评价："这在当时具有法政治学的贡献，它使19世纪的市民社会的解放成为可能，因为它用其形式的手段保障了法治国，并因此保障了这一社会反对旧的专制国家的自由空间。当然，这一使命，当在争得了市民的自由

---

① 参见弗里德里希·卡尔·冯·萨维尼：《萨维尼法学方法论讲义与格林笔记》，杨代雄译，法律出版社2008年版，第4、70页。

之后，提出了市民法律秩序的社会正义问题之时，就终结了。"① 也就是说，仅仅解决了市民社会的正义问题，而尚未触及国家的政体结构问题，政体结构问题不解决，社会正义问题无法得到根本解决。

萨维尼虽然反对在他那个时代立刻制定《德国民法典》，但萨维尼和历史法学派的徒子徒孙们事实上成为《德国民法典》制定的重要参与者。《德国民法典》颁布之后，私法规则体系建构完毕，历史法学迅速地衰落，让位于对《德国民法典》具体条文的规范分析和解释，民法典几乎成为主宰民事法律领域的唯一法律渊源，民事法律研究基本上围绕着民法典打转。萨维尼曾有一论断，即只有在罗马法衰败之时，才会出现编纂法典的念头。这个论断似乎同样适用于德国法。与历史法学派衰落相伴随，各种探究法律之目的的学说骤然兴起，比如强调法官应该平衡各种利益的利益法学，再比如强调法官可以根据正义原则自由创制法律的自由法学，形式主义的实证法成为实现社会目的的一种手段，因此它有可能同各种政治体制结合在一起。而德国公法秩序的建

① 弗朗茨·维亚克尔：《历史法学派形象的变迁——1967年1月19日在卡尔斯鲁法学研究会上的报告》，载艾里克·沃尔夫：《历史法学派的基本思想（1814—1840年）》，法律出版社2009年版，第72页。

构，要到魏玛时期才真正兴盛起来。围绕魏玛共和制和《魏玛宪法》而展开的国家学和公法学大争论，一波三折，直到二战之后方才砥定成型，建立起现代国家的宪制，完成德国从传统到现代的整个法律秩序的重构。因此，德国历史法学派留给后人的一个教训就是它对公法问题的漠视，缺乏政治意识和政治成熟，认为形式主义的技术因素能够驯服政治因素。但事后看来，精致的私法概念和规则体系可以在一定程度上保障市民社会的正义生活，却无法抵挡公权力的任意专断，一个公平正义的社会的建立，最终有赖于政体的完善。德国历史法学的失败之处就在于对国家法学或者说公法学的漠视。其实罗马法有非常发达的公法制度，罗马所开创的共和体制曾经启发美国建国者，今天依然是值得参考的重要历史资源。因此，中国历史法学的研究应该从浪漫主义的民族文化诉求转向历史之为公器的普遍主义反思，从私法概念与规则体系的提炼转向现代国家的法理建构。德国历史法学的失败之处，恰恰是中国历史法学研究的新起点。

第五章

法律的主权之维：阿伦特论人民主权

一、人民主权的两个传统

自美国独立战争和法国大革命以来，革命、立宪与建国就成了政法领域内的重要主题，尤其是在 20 世纪。"当一个新国家生成，当一个旧国家革新自身，无论在印度还是在意大利，无论在尼日利亚还是在法兰西，新的宪法便是那一时期的秩序。当革命成功地实现之时，即使是共产主义革命，也总是要颁布宪法。"[①] 施米特也认为："随着一场成功的革命，就会立即诞生一个新国家，因此也会立即诞生一部新宪法。"[②] 同样的论述也出现在阿伦特的著作中："革命除非是终结于恐怖的灾难，

[①] 卡尔·J. 弗里德里希：《超验正义——宪政的宗教之维》，周勇、王丽芝译，生活·读书·新知三联书店 1997 年版，第 1 页。

[②] 施米特：《宪法学说》，刘锋译，上海人民出版社 2005 年版，第 7 页。

否则都会以一个共和国的成立而告终。""在现代条件下，立国就是立宪。"① 这样的论断，揆诸中国近代史，也可谓一语中的。革命意味着人民的出场，而立宪则意味着人民的隐退，由此决定建国这一历程是人民主权这一动力机制与宪制这一秩序机制的奇妙结合。回溯这两百多年来革命、立宪与建国的历史洪流，美国独立战争和法国大革命，可谓展现出并进一步强化了两种不同的革命、立宪与建国传统，从而揭示出两种传统背后隐含的不同的人民主权与宪制观念，至今仍在影响着政法理论与实践。

革命的终极目的不只是消灭一个旧的国家政权，更为重要的是构建一个新的国家，组建一个新的政府。消灭旧政权仅仅意味着革命者从被奴役的状态中解放出来，免于不合理的压制；但如果不能立即建构一种确保自由的新秩序，那么他们马上就会重新回到受奴役的状态，而且与革命前相比，可能会变本加厉，因为新的奴役不仅要将其置于原来的奴役状态，而且要彻底消灭革命带给他们的自由意识。因此，现代革命的根本性意义在于预示着一个新的开端，一种新的政治秩序。"宗教

---

① 汉娜·阿伦特：《论革命》，陈周旺译，译林出版社 2007 年版，第 217、108 页。

改革以天经地义的《圣经》取代了一贯正确的教皇；而美国革命用一纸文件的统治取代了国王的统治。"① 这个"取代"的意义非同一般，它不再是新皇帝坐上老皇帝的位子，而是开启了一个新秩序时代，即以宪法的统治取代人的统治。革命的终极目的是制定自由的宪法，以宪法的统治终结革命的激情，从而步入循规蹈矩的宪制秩序。从这个意义上讲，革命精神内含着两种格格不入甚至相互矛盾的精神要素："一方面建立新政治体和筹划新政府形式之举，兹事体大，涉及新结构的稳定性和持久性；另一方面，参与这一大事的人一定拥有这样的经验，那就是痛快淋漓地体察到了人类开端的能力，体察到始终与新事物在地球上诞生相伴随的高亢精神。这两种因素，一个涉及稳定性，一个涉及新事物之精神，它们在政治思想和术语学上是对立的，即一个被视为保守主义，另一个被认为是进步的自由主义的专利。"② 也就是说，革命既是破坏之举，又是建构之举。对于一个成功的革命来说，建构之举尤为重要，因为历史的真实不是"不破不立"，而是"不立不破"，新秩序未建立起

① 爱德华·S. 考文：《美国宪法的"高级法"背景》，强世功译，生活·读书·新知三联书店 1996 年版，第 1 页。
② 汉娜·阿伦特：《论革命》，陈周旺译，译林出版社 2007 年版，第 208 页。

来时，旧秩序总是以各种各样的方式继续统治。① 对于革命者来说，如何拿捏到恰当的火候，不仅是革命形势的历史抉择，更需要极高的政治智慧，否则革命就要年年月月天天地没完没了了，其结果必然是革命吞噬自己的孩子。

法国革命即为一例，而且其开风气之先的创举引领了之后两个多世纪的世界革命，即使到 21 世纪的今天，余威犹存。比起美国革命，法国革命青出于蓝而胜于蓝，硬生生地将路易十六推上了断头台；不过，狂热的法国人并未因此选择"一纸文件"的统治，而是将大写的人民（民族）推上了路易十六留下的那个至高无上的王位。在法国，《人与公民权宣言》比《宪法》更受欢迎，因为前者标志着绝对君主制下人民的彻底解放，革命将人推回到自然状态，人民获得了彻底的自由。而《宪法》总是显得碍手碍脚，不但抑制了高亢的革命精神的进一步发展，而且束缚了刚刚登基的人民（民族）的手脚。在宪法的统治与人民的统治之间，法国革命者选择了后者。自此以后，全世界似乎都染上了法国病，纷纷以"人民（民族）"篡夺王位，将国王的统治变为

---

① 参见陈志让：《军绅政权——近代中国的军阀时期》，广西师范大学出版社 2008 年版，第 121—129 页。

人民的统治。当潘恩大呼"让发表的宪章以神祇和《圣经》为根据；让我们为宪章加冕，从而使世人知道我们是否赞成君主政体，知道北美的法律就是国王。因为，在专制国家中国王就是法律，同样地，在自由国家中法律也应该成为国王，而且不应该有其他的例外"①，法国革命者及其后世追随者却正在高呼"人民万岁"。虽然也制定了宪法，但那不过是神圣的人民制宪权下可以随意涂改的一纸文件。"国民意志……仅凭其实际存在便永远合法，它是一切合法性的本源。""国民不仅不受制于宪法，而且不能受制于宪法，也不应受制于宪法。"②大革命之后，宪法未能带来宪制秩序，有的只是无穷无尽的政治动荡，宪法成为专制独裁的遮羞布。那些想称王又不敢称王的土皇帝，只好假借人民的名义，披上宪法这件漂亮的黄袍，继续着假民主真独裁的统治。人民的统治，最终沦落为人的统治。

为什么美国选择宪法的统治，而法国及其追随者却选择人民的统治？或者说为什么美国不选择人民的统治，而法国及其追随者不选择宪法的统治？对此问题，阿伦特做出了精彩的解释："美国革命是'有限君主制'

---

① 托马斯·潘恩：《常识》，何实译，华夏出版社2004年版，第56页。
② 西耶斯：《论特权 第三等级是什么?》，冯棠译，商务印书馆2004年版，第60页。

的历史遗产，法国大革命则是绝对主义的遗产，……其实，一场革命取决于它所推翻的政府类型，这是再自然不过的事；也就没有什么比根据之前的绝对君主制来解释新的绝对也就是绝对的革命，从而得出统治者越是绝对，取而代之的革命也将越绝对这一结论，看起来更加顺理成章的了。"[1] 美国革命者的全部历史经验，使得他们自然而然地选择以立宪政府来取代"有限君主制"，他们不能接受任何不受限制的权力；而法国革命者的全部历史经验，使得他们自然而然地以人民的绝对统治来取代君主的绝对统治，"他们愤怒地反对的是权力的掌握者，而不是权力本身。他们只想取代它而不是消灭它"[2]。因此，人民穿上绝对君主制的老鞋，宪法的统治并未进入他们的意识，而以宪法来限制人民的统治更是闻所未闻。按照西耶斯的说法："国民存在于一切之前，它是一切之本源。它的意志永远合法，它本身便是法律。""设想国民本身要受到这些规章和宪法的制约，这是荒谬的。"[3] 因为按照西耶斯关于政治社会形成的三个

---

① 汉娜·阿伦特：《论革命》，陈周旺译，译林出版社 2007 年版，第140 页。

② 邦雅曼·贡斯当：《古代人的自由与现代人的自由》，阎克文、刘满贵译，上海人民出版社 2003 年版，第 79 页。

③ 西耶斯：《论特权 第三等级是什么?》，冯棠译，商务印书馆 2004年版，第 59、60 页。

时期的论述，人民是在第一个时期基于自然的联合而形成的，宪法只是人民在第二个时期行使制宪权的产物，这个逻辑顺序是不能颠倒的。因此，人民根本不可能受到他们所制定的宪法的限制，宪法是用来约束政府而非人民的。

独立之前，在美国的母国，宪法与国王的斗争从1215年《大宪章》开始，已经有几百年的历史了，经过不断地限制王权，"共和制逐渐缓慢地、但始终不懈地蚕食和侵蚀着君主制。在大西洋两岸的世界，共和思想无处不在，它从君主制社会内部侵蚀着它，并且逐渐地削弱了人们长久以来对国王的支持"[1]。也就是说，经过几百年的共和化，到美国革命时，英王已经是个徒有虚名的君主了，一套"不成文宪法"已经掌控了英国的政治秩序，美国只是摘取了这个孕育了几百年的果实而已。相反，在法国，自中世纪末期以来，绝对君主制统治着整个法兰西，法国人念兹在兹的是博丹的绝对主权以及卢梭那至高无上的公意。他们既没有有限统治的政治经验，也没有有限统治的理论准备，革命狂潮一旦爆发，顺理成章的选择就是以人民（民族）的绝对主权来

———————
① 戈登·伍德：《美国革命的激进主义》，傅国英译，北京大学出版社1997年版，第93页。

替换君主的绝对主权。"如果民族作为制宪权主体与专制君主进行斗争并废除了绝对王权主义，他们会以同样专制的方式取代专制君主。在这里，专制性延续了下来，其程度并未改变，甚至还有所提高，因为人民在自己的国家中达到了政治上的自我同一性。这个过程的政治力量导致了国家权力的增强，导致了极其严密的统一性和不可分割性。"① 其结果正如贡斯当所言："无论是什么制度——下面我们就要看到——只要使用绝对一词，那么，无论是自由、和平还是幸福，都是不可能的。"②

美法两场革命，既是两种不同的观念传统的产物，又进一步强化了这两种不同的观念传统，其中至关重要之处就是对人民主权及其与宪制的关系的不同理解，进而导致了对革命、立宪与建国的不同抉择。在铺陈了上述这个宏观的社会历史和政法思想背景后，下面将从人民的含义、人民主权的基础、人民主权的宪法表达三个层面，具体呈现两种不同的人民主权观念及其政法蕴涵，从而为一种法权结构化的人民主权观念辩护。

---

① 施米特：《宪法学说》，刘锋译，上海人民出版社 2005 年版，第58 页。
② 邦雅曼·贡斯当：《古代人的自由与现代人的自由》，阎克文、刘满贵译，上海人民出版社 2003 年版，第 82—83 页。

二、人民的含义

要理解人民主权，首先要清楚人民的含义。这个问题可以从两个方面来讨论：一是人民的指涉范围是什么，哪些人属于人民，哪些人不属于人民；二是人民的本质属性是什么，人民是具有独立人格和意志的实在，还是说人民作为一个统一体仅仅是一种法律拟制的人格，只能存在于法权结构和公民行动之中。

无论东方还是西方，在古代的等级社会，人民通常是指与君主、贵族和官吏相对的平民，属于社会的底层。除了在几个古代共和国中，人民曾参与政治治理外，在大部分时间里，人民都是被统治者，并不享有政治上的主权或治权。到了近代早期，随着等级制的瓦解和民主政治的兴起，人民开始登上政治舞台，从积极的意义上说，此时人民就是国民，但人民仍然保留其消极的意义，即从否定方面来界定人民："凡是没有特殊之处、没有差别的人，凡是不享有特权的人，凡是不因财富、社会地位或教养而出类拔萃的人，都是人民。……在1789年法国革命中，资产阶级之所以能够作为第三等级将自身与民族等同起来，资产阶级之所以就是人民，恰恰因为它是贵族和特权阶层的对立面。"① 当然，一旦资产阶级统治了国家后，他们也将被否定掉，无产阶级取代资产阶级成了人民，这正是社会主义国家所标榜的，但这个否定并不因此而结束，当无产阶级统治了国家，他们不会被否定掉吗？谁又是人民呢？在当下的社会，通常而言，从积极的意义上讲，人民就是国民；从消极的意义上讲，人民"就是那些不统治、不代表、不行使按行政机关的要求组织起来的各项职能的人"②。

回到中国的语境中，按照毛主席的说法，"人民这个概念在不同的国家和各个国家的不同的历史时期，有着不同的内容。……在现阶段，在建设社会主义的时期，一切赞成、拥护和参加社会主义建设事业的阶级、阶层和社会集团，都属于人民的范围；一切反抗社会主义革命和敌视社会主义建设的社会势力和社会集团，都是人民的敌人"。这个论断是在阶级对立或敌友之分的意义上做出的，也是社会主义传统中人民概念的典型表述，虽然我国宪法中没有明确界定人民这个概念的内涵，但传统上的解释仍沿袭毛主席这个定义。老一辈的

---

① 施米特：《宪法学说》，刘锋译，上海人民出版社 2005 年版，第260页。
② 同上书，第259页。

宪法学理论大多认为，"公民和人民是两个不同的概念"，公民是法律概念，指具有中国国籍的人，而人民是个政治概念，"它从政治上区分敌我"，"公民比人民范围大。……人民占公民中的绝大多数，被依法剥夺政治权利的人和其他敌对分子虽然不属于人民，但也是我国的公民"。① 但是，在一个法治国家，未经正当的法律审判，任何人不得被宣布为罪犯，即便是罪犯，也并不意味着他的公民权利全部被剥夺，即便依法被剥夺了政治权利，他们作为中华人民共和国的公民，仍然依法享有宪法和法律所赋予的其他公民权利，为什么他们就被剥夺了作为人民的主体资格了呢？再者，如何判断"敌对分子"呢？谁有权力做出这样判断呢？这种政治叙事与宪法所宣称的法治精神看起来格格不入。

那么今天该如何理解人民这个概念呢？一个可行的途径是回到宪法本身，通过公民这个概念来划定人民的范围。《宪法》第33条是如此定义公民的："凡具有中华人民共和国国籍的人都是中华人民共和国公民。"从这个意义上讲，所谓公民，实际上就是国民，"公民和

---

① 许崇德：《中国宪法》第三版，中国人民大学出版社2006年版，第296页。类似的论述参见肖蔚云等：《宪法学概论》，北京大学出版社2002年版，第180页。

国民的含义相同"①。制宪者为什么要区分人民和公民呢？为什么在赋予"敌人"公民权利的同时，却剥夺其当家作主的权力呢？仔细考察就会发现，宪法中存在着两种不同的叙事逻辑，一种是以人民为核心的政治叙事，一种是以公民为核心的法律叙事，两种叙事之间存在着一条鸿沟，政治叙事不能完全贯穿到法律叙事之中。宪法，尤其是宪法序言，是政治与法律的联结，它既是一份政治宣言，同时也是国家的根本大法，政治叙事与法律叙事在宪法中必须能够衔接起来，统一起来，否则就会出现断裂，造成解释上的困难。当人民被写入宪法时，它就不再仅仅是一个政治概念了，同时成为一

---

① 许崇德：《中国宪法》第三版，中国人民大学出版社 2006 年版，第 295 页。林来梵教授并不完全认同这种说法，林教授认为："公民概念的法律内涵，在我国有一个变化和发展的历史过程。这一概念引进自近代的日本，其原意指的是作为行使参政权等公权的主体。我国民国时代的法学界也在此意义上使用公民这一概念。在整个民国时期的各部宪法典或宪法草案中，作为基本权利享有主体的用语，几乎亦均采用'人民'一词。新中国诞生之际所制定的《共同纲领》仍沿用'人民'作为基本权利的享有主体，但在其有关义务规定的条款中则使用'国民'这一用语。1953 年选举法仍按传统习惯在参政权主体的原义上沿用'公民'作为选举权和被选举权的主体，但自 1954 年宪法开始，'公民'这一用语遂沿用于表示一般的基本权利的享有主体。自此，公民这一概念的法的内涵遂发生重大嬗变。"参见林来梵：《从宪法规范到规范宪法》，法律出版社 2001 年版，第 84—85 页。

个法律概念，必须能够在整个宪法体系内进行融贯的解释。从前面的分析来看，抹平这条鸿沟的途径只能是将人民和公民统一起来，统一并不意味着他们具有完全相同的内涵，而是意味着他们具有完全相同的外延。人民是个集体名词，表达的是国民的整体性，而公民是个个体名词，表达的是国民的个体性。作为国民整体的人民享有国家权力，而作为国民个体的公民享有公民权利。人民和公民是国民的不同表达，他们在外延上与国民相同。不同国家不同时代的人民有着不同的内容，在告别了革命和阶级斗争，逐步走向民主法治的当下中国，需要对人民进行这样新的诠释，将人民从一个政治概念转变为一个宪法概念，只有如此，才能更好地理解人民主权。

在界定了人民的指涉范围后，接下来的问题就是：人民是具有独立人格和意志的实在，还是一种法律拟制的人格呢？这有点类似民法学上法人的实在说和拟制说。① 卢梭在解释"人民是通过什么行为而成为人民的"时，认为总要追溯到一个最初的全体一致的约定，在这个社会契约中，"每个结合者及其自身的一切权利全部都转让给整个的集体"。"至于结合者，他们集体地就称

---

① 参见龙卫球：《民法总论》，中国法制出版社 2002 年版，第 314—
333 页。

为人民；个别地，作为主权权威的参与者就叫做公民，作为国家法律的服从者，就叫做臣民。"至于这个集体，"就以这同一个行为获得了它的统一性、它的公共的大我、它的生命和它的意志"。① 也就是说，作为个体之结合体的人民因社会契约这一行为而获得了独立的人格和意志，一种外在于并高于个体人格和意志的实在。在从个体到人民的过程中，发生的不是量的累积，而是质的变化，人民是截然有别于个人的存在，人民是公意的主体，是个体必须臣服的对象。

西耶斯继承了卢梭的思想，认为孤立的个人聚集成为一个人民实体，虽然个体意志构成这个人民实体的本源，但"共同体必须有共同的意志；没有意志的统一，它便根本不能成为有意志、能行动的一个整体"②。因此作为具有独立人格和意志的人民而非个人，先于一切而存在，是一切之本源，是人民而非个人握有制宪权，是人民意志而非个人意志永远合法，是一切合法性的源泉。

这种将人民人格化、实体化的思想，实际上是君主

---

① 以上引文，参见卢梭：《社会契约论》，何兆武译，商务印书馆1980年版，第23、26页。

② 西耶斯：《论特权 第三等级是什么?》，冯棠译，商务印书馆2004年版，第57页。

制思想的自然延续，"人民主权的概念来自共和主义对近代早期的主权概念的袭取和评价，在那时，这个概念起初是与绝对统治者联系在一起的"①。在欧洲早期，人民主权是作为君主主权的替代物发展起来的，因此很自然地要将人民建构成为另一种类型的君主，具有独立的人格和意志，以取代那个世袭的君主。将人民人格化，甚至神化，以便穿上旧君主的老鞋，是这种思想一脉相承的核心主题。

但这并非理解人民本质属性的唯一路径。在大西洋的彼岸，美国独立和建国时期的人民主权是在与英国议会主权相斗争中发展起来的，革命者将"主权在议会"扩展到"主权在人民"，他们要做的不是建构一个具有独立人格和意志的人民，而是要将主权的所有者扩展到所有的白人成年男子。② 这些人构成了人民，但作为集体，人民的人格是拟制出来的，人民的意志是个体通过相互协商产生出来的，并不存在高于个体的独立人格和意志。更有甚者，认为人民主权是一种虚构，有的仅仅

---

① 于尔根·哈贝马斯：《在事实与规范之间——关于法律和民主法治国的商谈理论》，童世骏译，生活·读书·新知三联书店 2003 年版，第 373 页。

② G. S. Wood, *The Creation of the American Republic 1776－1787*, W. W. Norton & Company, 1969, pp. 344－389.

是个体的人格和意志，根本不存在这样一种统一的意志。① 人民只有在法权结构和公民行动中，才展现出超越个体的集体面向。诚如哈贝马斯所言："人民，所有国家权力应该从此出发的人民，并不构成一个有意志有意识的主体。"②

英美的政法理论基本上没有接受欧陆的人民实在说，而是将人民看作一种拟制，存在于法权结构之中，保持着人民与公民之间的连接，人民是公民在相互承认与商谈中诞生的，离开了公民行动，根本就不存在人民。关于大西洋两岸对人民这一概念的不同理解，萨托利有一个经典的概括："意大利语中的 popolo（人民）及其在法语和德语中的同义词，都含有单一整体的意思，而在英语中，people（人民）是一个复数词，它虽然是个集合名词，却有复数形式，在前一种情况下，我们易于认为意大利语中的 popolo、法语中的 peuple 和德语中的 Volk，指的是一个有机的整体，一个'全体'（allbody），它以可经由一种不可分割的公意表现出来。

---

① E. S. Morgan, *Inventing the People: The Rise of Popular Sovereignty in England and America*, W. W. Norton & Company, 1988.

② 于尔根·哈贝马斯：《在事实与规范之间——关于法律和民主法治国的商谈理论》，童世骏译，生活·读书·新知三联书店2003年版，第627页。

在后一种情况下，谈论民主就像是说'众人统治'（polycracy），由'每一个人'的单位所构成的可分的众人。"① 因此可以说，人民就是国民，作为一个集体，人民不是独立于公民的人格体，而是公民的法律联合，人民的整体性和人格是一种法权结构，人民的行动力展现在公民行动之中。

三、公意与同意

在从积极和消极两个层面界定人民概念的外延，以及从实体说和拟制说两个传统界定人民的本质属性后，为了阐明人民主权的含义，还需要继续探讨，人民主权的基础究竟是人民的公意还是公民的同意。

公意之说来源于卢梭，卢梭在解释社会契约时认为："我们每个人都以其自身及其全部的力量共同置于公意的最高指导之下，并且我们在共同体中接纳每一个成员作为全体之不可分割的一部分。只是一瞬间，这一结合行为就产生了一个道德的与集体的共同体，以代替每个订约者的个人；组成共同体的成员数目就等于大会

---

① 乔万尼·萨托利：《民主新论》，冯克利、阎克文译，上海人民出版社 2009 年版，第 34 页。

中的所有票数，而共同体就以这同一个行为获得了它的统一性、它的公共的大我、它的生命和它的意志。"在达成社会契约的过程中，公意无疑起着决定性的作用，但卢梭并没有论述公意从何而来又如何可能，仿佛公意乃自明之理。从卢梭的论述中我们可以看出：首先，不能将公意理解为个别意志的总和，后者是着眼于私人利益的众意，而公意只能着眼于公共利益，永远以公共利益为依归。那么公意是否就是诸多个别意志间重叠的共识呢？乍看起来是这样的。"除掉这些个别意志间正负相抵消的部分而外，则剩下的总和仍然是公意。""如果当公民能够充分了解情况并进行讨论时，公民彼此之间没有任何勾结；那么从大量的小分歧中总可以产生公意。"但卢梭转而又说："使意志得以公意化的与其说是投票的数目，倒不如说是把人们结合在一起的共同利益。"① 也就是说，公意的形成并非私意相互协商、妥协达成的共同意志，而是建立在所有人的共同利益的基础之上的。② 公意并非来自私意的联合，相反，它从公共利益这个角度出发，与私意截然对立，并且最终要吸纳

---

① 以上引文，参见卢梭：《社会契约论》，何兆武译，商务印书馆 1980 年版，第 24—25、39、43 页。
② 参见陈端洪：《宪治与主权》，法律出版社 2007 年版，第 82—84 页。

私意。"为了使社会公约不至于成为一纸空文，它就默契地包含着这样一种规定——唯有这一规定才能使其他规定具有力量——即任何人拒不服从公意的，全体就要迫使他服从公意。"①

虽然卢梭也提到，每个人由于社会公约而转让出来的自己一切的权利、财富和自由，仅仅是全部之中其用途对于集体有重要关系的那部分，但他紧接着就强调："但是也必须承认，唯有主权者才是这种重要性的裁判人。"而且卢梭还强调，如果个人保留了某些权利的话，个人与共同体之间又没有共同的上级来裁判，那么他们很快就会要求这个要求那个，于是自然状态就会继续下去，结合也就必然会变成暴政或空话。因此，最终"每个结合者及其自身的一切权利全部都转让给整个的集体"。② 亦如欧陆版的人民主权本质上是君主主权的理论替代品一样，"卢梭的公意观念成为法国大革命中一切党派的自明之理，因为它其实是一位绝对君主的最高意志的理论替代品，它驱使和指引着民族，似乎它不再是

---

① 卢梭：《社会契约论》，何兆武译，商务印书馆 1980 年版，第29 页。
② 以上引文，参见卢梭：《社会契约论》，何兆武译，商务印书馆 1980 年版，第42、23 页。

乌合之众，而事实上凝聚成了一个人"①。正是经由公意，个人消失在人民之中，完全服从公意的统治。

在阐明公意的含义之后，卢梭断言，主权乃是公意的运用，所谓人民主权，实际上就是公意的统治。"正如自然赋予了每个人以支配自己各部分肢体的绝对权力一样，社会公约也赋予了政治体以支配它的各个成员的绝对权力。正是这种权力，当其受公意所指导时，如上所述，就获得了主权这个名称。"② 卢梭的社会契约实际上是围绕着公意展开的，当个体将自己置于公意之下时，他们结合成人民，成为公意的载体，而主权只不过是公意的运用，法律乃公意的行为。由于公意并非缔约者相互协商的结果，而是基于公共利益的自明之理，因此它很容易为一个人或少数人挟持，假公意的名义实行专制的统治。"由于以全体的名义实施的行为，必定——不管我们喜欢与否——是由一个单独的个人或极少数人支配的，因此当一个人把自己奉献给全体时，他并不是把自己奉献给了抽象的人，相反，他是让自己服从于那

① 汉娜·阿伦特：《论革命》，陈周旺译，译林出版社 2007 年版，第 140—141 页。
② 卢梭：《社会契约论》，何兆武译，商务印书馆 1980 年版，第 41 页。

些以全体的名义行事的人。"① 因此，以公意为基础的人民主权，往往沦落为一个人或少数人的专断。"统一的人民主权的虚构，只能以隐藏或压制个别意志的异质性为代价才能实现。"②

与之相反，英美政法传统中并没有实体化的人民概念，因此也就没有公意的概念，人民主权的基础不是公意，而是公民的同意。这里的同意并非先于并高于一切的自明之理，而是在公民的相互承认与联合行动中产生的，它诞生于每一次的公民集会或投票。有关同意的经典表述，无疑是《独立宣言》："我们认为这些真理是不言而喻的：人人生而平等，他们的造物主赋予他们若干不可剥夺的权利，其中包括生命权、自由权和追求幸福的权利。为了保障这些权利，人类才在他们中间建立政府，而政府之正当权力，是经被治者的同意而产生的。"政治的正当性建立在被治者的同意之上，这一理念在西方政治思想史上源远流长，特别是在古代以色列、希腊、罗马的政治思想中占有重要地位，霍布斯以降的英

---

① 邦雅曼·贡斯当：《古代人的自由与现代人的自由》，阎克文、刘满贵译，上海人民出版社 2003 年版，第 81 页。

② 于尔根·哈贝马斯：《在事实与规范之间——关于法律和民主法治国的商谈理论》，童世骏译，生活·读书·新知三联书店 2003 年版，第 631 页。

国政法理论，则接续了这个思想传统，都强调了"同意"的政治伦理意义。① 《独立宣言》以及其后的美国宪法的特殊之处在于，它们将这一理念具体落实为一套法权结构和公民行动，将"同意"这一抽象的政治原则，转变为具体可操作的宪制实践。其结果正如却伯所言："政府的权力并不来自一种神授的或者外在的法律根源，而是来自于被治理者的同意，这一原则被设定为美国历史的起点。"②

公意与同意的决定性差别在于对待宪法的态度上，将人民主权建立在公意之上，并不必然导致宪法的产生，在某种意义上反而是反宪法的，因为公意永远先于并高于宪法。"统治的合法性必须最终来源于被统治者。以真理而不是以同意为基础的合法性有害于宪法。"而将人民主权建立在同意之上，则必然要求建立相应的宪制，以作为同意的生成机制。如格林所言，以同意为基础的人民主权本质上"要求建立一种组织结构，能够确

① 关于西方政治理论中的"同意"理论的思想脉络，参见 Franklin G. Miller and Alan Wertheimer（eds.），The Ethics of Consent：Theory and Practice，Oxford University Press，2010，pp. 26 - 34。
② 劳伦斯·却伯：《看不见的宪法》，田雷译，法律出版社 2011 年版，第 84 页。

立并维系天赋人权的自然法学说和委托关系理论"。① 公意意味着绝对的一致性，同意则仅仅意味着"有限多数原则"，即在保护少数人基本权利之上的多数同意原则，而这必然意味着宪法对基本权利的保护以及创造出一套公共意见生成机制。

前述人民含义的两种不同理念，与这里的公意和同意的区分，有着内在的关联。当人民被视为抽象的实体时，则人民主权必然要求同样抽象化的实体性的公意，而当人民被视为具体个体的法律联合时，则人民主权必然要求同样具体化的程序性的同意，这是欧陆理性主义传统和英美经验主义传统下的必然产物。

四、一切权力"来源于人民"而非"属于人民"

前面的讨论展现了人民主权的两个传统的具体差异，用宪法的语言表述就是：一个是欧陆传统的"一切权力属于人民"，一个是英美传统的"一切权力来源于人民"。"属于"与"来源于"标识着两个传统的本质差异。"一切权力属于人民"意味着人民是一种人格化

---

① 以上引文，参见迪特儿·格林：《现代宪法的诞生、运作和前景》，刘刚译，法律出版社 2010 年版，第 31、12 页。

的实在，意味着人民主权的绝对性，人民掌握了一切的权力，但这个人民可能是公民所无法控制的怪兽。这种"人民崇拜并不必然是'爱民'（demophily），即对穷人、被遗弃的人和地位低下的人的实际爱怜，制造一个理想的人民偶像，常常同完全蔑视实际存在的人民相伴而生。自罗伯斯庇尔以降，我们已有大量的证据表明，不可言传的理想实际运转起来多么容易导致相反的结果，导致虐杀和无情的灭绝"[1]。

实际上，由于根本就不存在一个具有独立人格和意志的人民，人民更不可能掌握一切权力，即便是直接民主制下的雅典，大部分权力仍然掌握在少数"代表"手里，[2] 因此"一切权力属于人民"仅仅是一种政治修辞而已。即便在全民公决的情况下，行使权力的也仅仅是具有投票权的成年人，未成年人还是被排斥在政治领域之外。至于街头政治和广场民主，更不能被视为人民主权的表现形式，这不只是因为参与者仅仅是人民中的一部分，也不只是因为此种政治激情与喝彩往往为鼓动者所利用，成为个人政治诉求的工具，更重要的是，此种

---

[1] 乔万尼·萨托利：《民主新论》，冯克利、阎克文译，上海人民出版社 2009 年版，第 37 页。

[2] Bernard Manin, *The Principles of Representative Government*, Cambridge University Press, 1997, pp. 8–41.

街头政治和广场民主往往会压制异议者的意见，排斥理性的沟通与商谈，造成暂时性的多数人专断。"在民主制度中，反对派像政府一样，是对人民主权生死攸关的机制。压制反对派就是压制人民主权。"① 其结果自然不是"人民"的主权，而仅仅是某些"人"的主权。

与之相对，"一切权力来源于人民"则只是指出了权力的合法性来源，既不预设人民的实在性，更不意味着人民掌管一切。"全体公民享有主权的含义是，除非得到授权，没有任何个人、任何派别、任何有偏向的联合体能够僭取主权。但是，也不能由此就认为，全体公民，或者那些被他们授予主权的人，对个人的存在能够全权处置。"② 因此，"一切权力来源于人民"在本质上要求宪法的统治，因为只有宪法确立的法权结构和公民行动才可以兑现"一切权利来源于人民"的政治承诺。法权结构是人民主权的形式，公民行动是人民主权的实质，借用哈贝马斯的话说，人民主权"产生于具有法治国建制形式的意志形成过程和文化上动员起来的公共领

---

① G. Ferrero, *Il Potere*, Milano：Comunita, 1947, p. 217；trans. *The Principle of Power*, New York：Putnam, 1942. 转引自乔万尼·萨托利：《民主新论》，冯克利、阎克文译，上海人民出版社 2009 年版，第 44 页。

② 邦雅曼·贡斯当：《古代人的自由与现代人的自由》，阎克文、刘满贵译，上海人民出版社 2003 年版，第 79 页。

域之间的相互作用"①。法权结构使得独立的个体能够聚合成一个整体，同时又保证这个整体不是同质性的实在，而只是法律共同体；公民行动使得法律共同体能够通过公共交往与协商，形成公共意识，做出公共决断，为一切政治权力提供合法性基础。

因此，人民主权的确切含义应该是"一切权力来源于人民"，人民是法权结构组织下具有行动能力的公民，而主权的合法性基础则是公民的同意。"人民主权应该仅仅在一个自我分化的意见形成和意志形成过程的商谈条件下加以表达。"② 也就是说，人民主权产生于并存在于非建制化的政治公共领域内的意见形成过程，以及建制化的政治公共领域内的意志形成过程，在此法权结构和公民行动中，人民主权通过每个具有独立意志的公民的政治参与来表达和实现，人民主权是一种法权结构化的公民行动。

---

① 于尔根·哈贝马斯：《在事实与规范之间——关于法律和民主法治国的商谈理论》，童世骏译，生活·读书·新知三联书店2003年版，第374页。
② 同上书，第632—633页。

第六章

法律的政体之维： 论共和政体

一、 共和的基本理念

中文"共和"一词通常对译英文单词 republic，而这个英文单词来源于拉丁文 res publica。res 指物（thing），publica 与表示私人的 privata 相对，指共有的、公共的，故此 res publica 原初的意思是"共有的东西""共有的产业"或"公共的事务"。将所有的"共有""公共"的东西放到一起考虑时，res publica 开始指称一般意义上的国家（the state），最典型的莫过于罗马共和国。① 当 res publica 用来指称国家时，其意与希腊词 politeia 相近，意为城邦政制、公共事务或国家的政制形式。与 res publica 意思相近的英文词是 commonwealth，可追溯到 15 世纪，传统上指以共同的福祉为目的建立的

----

① 参见马尔蒂诺：《罗马政制史》，薛军译，北京大学出版社 2009 年版，第 367—369 页。

政治共同体，今天仍有一些国家在国号中使用这个词，如 Commonwealth of Australia、Commonwealth of Dominica、Commonwealth of The Bahamas。此外，commonwealth 如今也指称主权国家的联合体，如 Commonwealth of Nations（英联邦）、Commonwealth of Independent States（独联体）。①

从上面的简短分析可以得出，所谓的共和国，是指全体国民共有、共治、共享的国家，区别于为一人或少数人或多数人所有或所治或所享的国家，其中主要是指与君主国相对立的国家形态。② 或者借用佩迪特的定义："按照以程序为中心的方式来理解的话，共和国就是一个必须促进公共善、共同财富和共同事业的国家。或者用更加现代的语言来说，共和国就是一个必须遵循其公

---

① 以上分析综合了维基百科全书中对 res publica、politeia 和 commonwealth 三个词的解释，具体参见 http：//en. wikipedia. org/wiki/Res_ publica（最后访问时间：2010 年 4 月 1 日），http：//en. wikipedia. org/wiki/Politeia（最后访问时间：2010 年 4 月 1 日），http：//en. wikipedia. org/wiki/Commonwealth（最后访问时间：2010 年 4 月 1 日）。

② 萧高彦认为："当前各国名称中有着'共和'一字的，不在少数，尤其当国家独立建国运动所推翻的旧政权为君主政体时为然。在这个意义上，共和乃是与君主政体或王政相对立的政治体制，并以独立自主以及政治自由为根本的政治价值。"参见萧高彦：《共和主义与现代政治》，载许纪霖主编：《共和、社群与公民》，江苏人民出版社 2004 年版，第 3 页。

民的共同利益，尤其是通常被理所当然地认为是他们共同的、公认之利益的国家。"① 共和国以特定地域的特定人群为基础，以正义为原则，以法律为手段，以共同的福祉为目标，是人类社会最为普遍的政治联合方式。下面就从"共有""共治"和"共享"这三个概念范畴具体分析共和国的属性。共有是共治和共享的基础，基于共有，派生出共治与共享的权利；反过来，共治与共享是共有的表现形态，舍此就根本谈不上共有。对共和国来说，共有是前提，共治是手段，共享是目的。

第一，共有。共有指全体国民共同掌握他们组成的国家，所有国民都是国家的主人。因此，此处的共有不同于私法上的共有，即两人以上同时共同享有一物所有权之状态。共有不是对某个或某些具体物共享所有权，而是对一个由人、物以及某种制度与文化所构成的共同体的所有状态，毋宁说是一种法律拟制，一种抽象的所有形态。故此，共有首先意味着一个统一的政治共同体的存在，这是共有的对象，没有这样的统一的政治共同体，就根本不会发生共有的问题。统一的政治共同体的存在标识，是独立自主的完整主权，分裂的、内战中

① 菲利普·佩迪特：《共和主义：一种关于自由与政府的理论》，刘训练译，江苏人民出版社 2006 年版，第 321 页。

的、被殖民的国家，不是统一的政治共同体。

此外，共有意味着全体国民"不分民族、种族、性别、职业、家庭出身、宗教信仰、教育程度、财产状况、居住期限"(《宪法》第43条)，享有自由且平等的公民身份。公民身份使一个人从生物的存在转变为政治的存在，是一个人作为国民的本质属性，决定着个人与统一的政治共同体的基本关系。一个统一的政治共同体的存在，和共同体内自由且平等的公民身份，是共有的本质内涵。

还需要说明的是，共有不等于公有。公有是与私有相对立的，公有了就不能私有，反之亦然。宪法和物权法确立的全民所有制和集体所有制是一种公有，而非这里所谓的共有，因为共有并不排斥私有，所有国民对国家的共有与每个国民对具体的财物的私有不但不矛盾，而且相得益彰。同时，共有并不因为平等的公民身份而等于平均所有，共有并不意味着每位国民对国家享有平均的份额，自然也不意味着一个或多个国民可以主张分割自己的份额。共有是以个体取得公民身份作为前提条件的，只能通过团体成员身份的方式来行使，脱离了共同体，便丧失了共有的资格。

第二，共治。共治是基于共有而派生出来的治理权，表现为宪法和法律所确认的政治参与权，诸如选举与被选举权、议政权、批评和建议权、控告和检举权等等。治理权既是主权的对内行使，也是公民身份的内涵之一。在现代民主社会，这种政治参与权不再有财产和出身的限制，但为了保证治权得到合理、正当的行使，宪法和法律仍会设置一些必要的限制，以保证政治参与者是才智和德行符合基本要求的审慎之人，最基本的是年龄上的限制。与共有不同，共治排除了一部分人的政治参与权，但这种排除并不构成歧视或不公，而是为了保证良好治理而必须采取的技术性措施。

与此同时，共治也不意味着所有享有政治参与权的人一起治理，即便在地域狭小的国家，全民政治也是不可能实现的，群众运动和广场民主不是共治的表现，而是共治的背叛，西塞罗早就警告我们："过度的自由会变成一种极端的奴役。"① 国家治理必然是少数人的事情，因此要通过诸如选举、考试等制度设计，让一部分优秀的人才通过制度管道成为国家的治理者。在一个国家，必然存在着制度上治理与被治理的实质性差异，只要这种差异不被制度化为治理者与被治理者之间的实质性差异与分离，并保证每个人都有能通过制度管道成为

① 西塞罗：《国家篇 法律篇》，沈叔平、苏力译，商务印书馆 2002 年版，第 52 页。

治理者的可能性，就是公平的，就不违反共治精神。此外，在制度化的政治领域之外，需要开辟和保障非制度化的政治公共领域，让更多的人通过公共领域内的自由商谈参与国家治理，既可以弥补建制化程序的不足，又可以充分实现共治的理念。共治理念的实现，取决于政体设计，下一节"古典政体论中的共和政体"将详细讨论这个问题。

第三，共享。共有和共治的最终目的是共享，对共同福祉的享有。亚里士多德在区分正宗政体与变态政体时，正是以是否"照顾到全邦人民的利益"而非统治者人数的多寡为标准的。"这一人或少数人或多数人的统治要是旨在照顾全邦共同的利益，则由他或他们所执掌的公务团体就是正宗政体。反之，如果他或他们所执掌的公务团体只照顾自己一人或少数人或平民群众的私利，那就必然是变态政体。"[①] 共和国的最高的善就是全体国民的共同福祉，这是判断一个国家是否是真正的或优良的共和国的最终标准。对于一个优良政体，由多少人参与治理是一个技术问题，由多少人享有治理带来的福祉才是本质问题。一人或少数人治理、全民共享的政

---

① 亚里士多德：《政治学》，吴寿彭译，商务印书馆1965年版，第133页。

体，难道不优于全民治理、一人或少数人共享的政体吗？

共同的福祉并不意味着平均主义大锅饭，可以不劳而获地平均分享社会成果，毋宁说，它意味着罗尔斯正义论的第二个原则，即"社会和经济的不平等（例如财富和权力的不平等）只要其结果能给每一个人，尤其是那些最少受惠的社会成员带来补偿利益，它们就是正义的"[①]。因此，就现代社会而言，共同的福祉实质上意味着福利国家的建立，通过社会再分配，使得社会底层民众能够分享社会进步带来的福祉。

此外，共同的福祉不能仅仅理解为物质财富，它还包括精神层面的伦理与文化，国民共享一套基本的道德与伦理规范，践行着独特的文化传统。在多元社会中，共享还意味着少数群体有权利保护和享有属于自己特有的文化传统。对伦理与文化的共享不在于强制性的同一，对差异的尊重和维持也是共享的一种方式。世界本来丰富多彩，永远不可能维持同一的伦理与文化，共享意味着分享多元与差异。

以上在一般的观念层面上阐释了何谓共和国以及共

[①] 约翰·罗尔斯：《正义论》，何怀宏等译，中国社会科学出版社1988年版，第14页。

和国的基本理念，此种精神层面上的共和国，最终需要制度来落实，因此，对于一个共和国来说，政体具有核心的意义。所谓政体，是实现共和国共有、共治和共享理念的一种法权安排。下面将详细讨论哪种政体是最能落实共和国理念的政体。首先探讨古典政体理论中的优良政体，接下来探讨作为现代政治组织方式的民主政体与共和政体的区别，继而探讨作为优良政体的共和政体的基本原则，最后论证共和政体是一种自由政体。

二、 古典政体论中的共和政体

共和政体或许是当今世界上最为普遍的政体模式，虽然有些国家并不标榜自己是共和国，但实际上采取的仍是共和政体，最典型的莫过于英国，诚如戈登·伍德所言："在所有欧洲的君主制政体中，英国是最有共和精神的政体。孟德斯鸠说，英国是'隐藏在君主制形势下的共和国'。"[①] 然而，虽然共和政体是最普遍的政体模式，但每个国家的共和政体又各不相同，没有任何两个国家的政体模式是一模一样的，由此抛给我们的问题

---

① 戈登·伍德：《美国革命的激进主义》，傅国英译，北京大学出版社1997年版，第96页。

是：什么是共和政体？为什么当今大多数国家都采取共和政体模式？为什么不同国家的共和政体模式又各不相同呢？各不相同的政体模式为何又都可以称为共和政体呢？为了回答上述问题，下面先考察几位古典政体理论家对共和政体的相关论述。

在亚里士多德看来，"政体（政府）的以一人为统治者，凡能照顾到全城邦人民利益的，通常就称为'王制（君主政体）'。凡政体的以少数人，虽不止一人而又不是多数人，为统治者，则称'贵族（贤能）政体'……末了一种，以群众为统治者而能照顾到全邦人民公益的，人们称它为'共和政体'"①。在这些政体中，无论统治者是一人、少数人还是多数人，因为都能照顾到全邦共同的利益，所以都称为正宗政体。与之相对的是变态政体，即统治者旨在照顾自己一人或少数人或平民群众的私利。"僭主政体为王制的变态；寡头政体为贵族政体的变态；平民政体为共和政体的变态。僭主政体以一人为治，凡所设施也以他个人的利益为依归；寡头（少数）政体以富户的利益为依归；平民政体则以穷人的利益为依归。"②

------

① 亚里士多德：《政治学》，吴寿彭译，商务印书馆1965年版，第133页。
② 同上书，第134页。

那么究竟什么样的政体才是共和政体呢？共和政体与它的变态形式平民政体之间有什么样的差别呢？亚里士多德认为："寡头和平民政体的主要分别不在人数的为少为多。两者在原则上的分别应该为贫富的区别。"因此"修订寡头政体的定义为人数较少的富人控制了城邦的治权，相似地修订平民政体的定义为人数甚多的贫民控制着治权"①。所谓的共和政体，实际上就是寡头政体与平民政体的混合，兼顾了拥有财富的富人和自由出身的穷人，是财富与自由的混合，相对于只注重财富或自由的寡头政体或平民政体，共和政体由于比较持中，因此是一种优良政体。共和政体是混合政体，但并不意味着混合政体都是共和政体，因为如果混合的因素中除了财富（寡头）和自由（平民）外，尚包括才德，那么就是贵族政体的一种，而不再是共和政体了。纯粹的贵族政体是品德最高尚的一些人的统治，但如果除了品德之外，同时还注意到财富和/或平民多数，也可以称为贵族政体。② 亚里士多德认为，一个城邦中品德高尚的人总是极少的，因此现实中贵族政体并不常见。君主政

① 亚里士多德：《政治学》，吴寿彭译，商务印书馆1965年版，第135页。
② 有关共和政体的论述，参见同上书，第65、99、196、198—200、204—209、211页；有关贵族政体的论述，参见同上书，第196—200页。

体虽是优良政体，但由于平等精神的普及，现实中也很难实现。僭主政体作为君主政体的变态形式，是最邪恶最不能接受的政体。故此，现实中最常见的是寡头政体和平民政体，更为优良的共和政体因为需要高超的折中平衡技术，亦很难持久建立。

西塞罗认为："当最高权力掌握在一人手中时，我们称此人为君主，而这种国家的形式就是一个君主国。当最高权力由被挑选的公民掌握时，我们就说该国是由贵族统治。不过，当最高权力完全掌握在人民手中时，就出现了一个民众政府（因为人们是这样称呼的）。"[①] 这三种政体虽然都可以忍受，但都不是完善的。"在君主制中，臣民在司法管理以及在审议上享有的份额太少；在贵族制中，群众很难有他们的那份自由，因为在权力上和审议共同福利上他们都完全被排除在外；当全部权力都在人民之手时，即使人民行使权力符合公正并有节制，由此产生的平等本身也是不平等的，因为它不允许有等级区别。"[②] 不过这些不完善还不是最糟糕的，更糟糕的是这些政体都不稳定，容易"导致一个与它邻近的腐败形式"。君主制易腐化为僭主制，贵族制易腐

---

① 西塞罗：《国家篇 法律篇》，沈叔平、苏力译，商务印书馆2002年版，第36页。
② 同上书，第36页。

化为寡头制，而民主政体易腐化为暴民的狂暴和为所欲为。① 对于西塞罗来说，一种混合了上述三种优良政体的第四种政体最为可取，这种混合政体不但在各个阶层之间实现某种公平的权力分配，同时也有助于政体的稳定，这第四种政体即罗马共和制。② 与亚里士多德不同，西塞罗的共和政体不是寡头政体与平民政体的混合，而是君主政体、贵族政体与平民政体的混合；此外，混合均衡的也不再是财富与自由，而是我们对君主的感情、贵族的智慧和民众的自由。③ 与亚里士多德相同的是，他们都强调共和政体是一种混合均衡政体。

马基雅维里对政体的分类基本上延续了西塞罗的传统，认为政体通常分为君主制、贵族制和民主制，不过

---

① 西塞罗：《国家篇 法律篇》，沈叔平、苏力译，商务印书馆 2002 年版，第 37 页。

② 同上书，第 38、42—43、53、87 页。有关罗马共和制的发展及具体的制度设置，简单的介绍参见斯科特·戈登：《控制国家——西方宪政的历史》，应奇等译，江苏人民出版社 2001 年版，第 89—116 页。详细的介绍参见马尔蒂诺：《罗马政制史》，薛军译，北京大学出版社 2009 年版。

③ 西塞罗认为："君主制吸引我们是由于我们对它们的感情，贵族制则由于它们的智慧，民众政府则由于它们的自由，所以，把它们比较比较，也难说哪种更受偏爱。""这三种类型中没有任何单一类型是理想的，只有那种把三种好形式同等混合起来的政府形式才比任何单独的一种都更为优越。"参见西塞罗：《国家篇 法律篇》，沈叔平、苏力译，商务印书馆 2002 年版，第 43、87 页。

这三种好的政体都短命，容易蜕变为自身的反面。"君主制易于蜕变为专制统治，贵族制易于蜕变成寡头制，民主制变得肆无忌惮，亦非难事。"① 故而明智的立法者应该"在同一城邦内兼行君主制、贵族制和民主制，它们可以相互守卫"②。斯巴达将不同的角色赋予国王、贵族和庶民，使国家存续八百年之久，而梭伦在雅典推行民主制，结果使得雅典短命而终，罗马"虽然经历了从君主统治到贵族统治再到平民的统治……但它在授权于贵族时，未全然放弃君主制的品质；在授权于平民时，亦未攫尽贵族的权力。在这一混合体制下，它创建了一个完美的共和国"③。与西塞罗稍有不同，马基雅维里开始在分权制衡的意义上来思考共和政体，他认为罗马共和制的完美肇始于平民与元老院的不和，而赋予护民官显赫的地位和威望，使其充当平民和元老院之间的仲裁者，阻止贵族的傲慢，可以维持权力的平衡。

上述三位思想家基本上都将共和政体视为一种混合政体，并由于这种政体混合了不同的要素，所以是一种优良政体。这种思想可以追溯到希罗多德，并为后世的

---

① 尼科洛·马基雅维里:《论李维》，冯克利译，上海人民出版社 2005年版，第 50 页。
② 同上书，第 51 页。
③ 同上书，第 53 页。

思想家代代传诵。但是，到了中世纪后期，博丹开始挑战这种思想，博丹认可政体的三种基本类型，即君主制、贵族制和民主制，但是认为混合政体（共和政体）在理论上讲不通，因为主权不可能分割，如果主权由多个主体行使，必然造成彼此的纷争，直到回复到三种基本类型中的一种；此外，实践中也从来没有出现过混合政体，被上述思想家们当作混合政体代表的斯巴达、罗马和威尼斯，本质上是贵族政体，根本不是这些思想家所美化的混合政体。如果上述三国能够被称为混合政体的话，那么几乎任何国家都可以被称为混合政体了。因此"当前还不存在一种混合民主制与贵族制的政体，更不存在混合三种政体的混合政体，以前也从来没有存在过，只有三种基本的政体模式"①。对于共和政体来讲，博丹的论述是一个重要的转折点，自此以后的思想家，很少再在积极的意义上论述作为混合政体的共和政体了，而仅仅是在消极的意义上讨论共和政体，即共和政体是君主或专制政体的反面，并将共和政体趋同于民主政体。

孟德斯鸠认为："政体有三种：共和政体、君主政体、专制政体。……共和政体是全体人民或仅仅部分人

---

① 让·博丹：《主权论》，李卫海、钱俊文译，北京大学出版社 2008 年版，第 167—168 页。类似的表述参见第 152 页。

民掌握最高权力的政体；君主政体是由一人依固定和确立的法单独执政的政体；专制政体也是一人单独执政的政体，但既无法律又无规则，全由他的个人意愿和喜怒无常的心情处置一切。"① 对于共和政体，孟德斯鸠又进一步划分："在共和国中，当全体人民掌握最高权力时便是民主政体，部分人民掌握最高权力时便是贵族政治。"② 对于同为共和政体的贵族制和民主制，孟德斯鸠是有偏好的，在他看来，"贵族家庭应该尽可能置身于人民中间。贵族政治越接近民主政体越好，越接近君主政体则越不完善"③。之所以如此，乃因为不平等是贵族政治致乱的两个根源："一是治者与被治者之间的极端不平等；二是统治集团的成员之间的极端不平等。"④ 孟德斯鸠非常重视平等问题，他之所以赞扬民主政治而抑制贵族政治，就是因为民主政治最大限度地体现了平等精神。如上所述，孟德斯鸠不再在混合政体的意义上讨论共和政体，而是把共和政体当作一人执政的政体（君主政体和专制政体）的对立面，并将完美的共和政体等

---

① 孟德斯鸠：《论法的精神》，许明龙译，商务印书馆 2009 年版，第 14 页。
② 同上书，第 15 页。
③ 同上书，第 22 页。
④ 同上书，第 57 页。

同于民主政体。虽然孟德斯鸠更青睐英国的立宪君主制，但在孟德斯鸠的年代，平等精神、民主的意识已经处在大行其道的前夜，作为时代的预言者，孟德斯鸠已经感受到这股不可抵御的意识潮流即将到来。

从上面的分析我们可以得出以下简单的结论：第一，历史上的思想家对共和政体并没有统一的定义，彼此间的理解颇多差异。但传统上多将共和政体视为一种混合政体，以多元差异的存在为前提，即国王、贵族和平民的阶级差异。共和是不同阶级的共和，而非全体国民或某个阶级成员之间的共和，只是贵族成员之间或平民之间的联合不能称之为共和，而只能称之为贵族政体或平民政体。阶级差别是理解古典共和的一个关键点。第二，共和政体被认为是一种优良政体，因为它能折中平衡各个阶层的利益，并利用各个阶层所具有的不同美德来实现国家的良好治理。从权力的角度来看，共和政体实现了权力的分散配置，最高治权为多个主体分享，避免权力掌握在一个主体手中，从而造成对其他人的专制。因此，共和政体是一种自由政体，反对任何形式的专制，无论是一人专制、少数人专制还是多数人专制。第三，共和政体在现代早期发生了转型，被视为与君主政体或专制政体相对立的政体，是自由政体的象征。而由于平等精神的兴起和民主意识的勃发，民主逐渐成为主导意识形态，原来以阶级差别为基础的共和政体渐渐让位于强调平等精神的民主政体。

三、民主政体与共和政体

前面的考察中有个值得特别关注的点，即孟德斯鸠的共和政体与其他古代思想家的论述有很大差别，孟德斯鸠不再在混合政体的意义上来思考共和政体，而开始在消极的意义上，即与一人执政的君主政体和专制政体相对立的意义上来思考共和政体。于是乎，凡不是一人执政的政体都是共和政体，尤其是将共和政体的理想形态等同于民主政体。孟德斯鸠的论述对后世影响很大，以至于现在很多人搞不清楚共和政体与民主政体之间的关系。因此，在开始探讨现代共和政体的基本原则之前，有必要先探讨民主政体与共和政体的关系。[①]

今天坚持民主政体与共和政体有所区别的学者大多都会提到《联邦党人文集》中的著名区分。麦迪逊认为："民主政体和共和政体的两大区别是：第一，后者的政府委托给由其余公民选举出来的少数公民；第二，

[①] 相关的讨论可参见高全喜：《现代政制五论》，法律出版社2008年版，第60—134页；天成：《论共和国——重申一个古老而伟大的传统》，载王焱编：《宪政主义与现代国家》，生活·读书·新知三联书店2003年版，第190—224页。

后者所能管辖的公民人数较多，国土范围也较大。"①
"在民主政体下，人民会合在一起，亲自管理政府；在
共和政府下，他们通过代表和代理人组织和管理政府。
所以，民主政体将限制于一个小小的地区，共和政体能
扩展到一个大的地区。"② 这里涉及两个区分要素：其
一，是否实行代议制；其二，人口的多寡和疆域的大
小。不过，后者并非两者的实质区别，而只是适用条
件，因为按照孟德斯鸠的说法，反倒是共和政体更适合
于小国寡民，专制政体才适用于广土众民。③ 民主政体
与共和政体的实质区别在于是否实行代议制，麦迪逊说
得很清楚："共和政体，我是指采用代议制的政体。"④
在第39篇给共和国下的定义中，麦迪逊又进一步补充
道："它从大部分人民那里直接、间接地得到一切权力，
并由某些自愿任职的人在一定时期内或者在其忠实履行
职责期间进行管理。"⑤ 首先，共和政体的权力来源于大

---

① 汉密尔顿等：《联邦党人文集》，程逢如等译，商务印书馆 1980 年
　版，第 49 页。
② 同上书，第 66 页。
③ 同上书，第 130—132 页。
④ 同上书，第 49 页。
⑤ 同上书，第 193 页。

多数人，因此它不是君主政体和贵族政体；① 其次，共和政体实行代议制，因此它不是民主政体。但是，如果注意麦迪逊做出上述区分的上下文，就会发现，麦迪逊这里所谓的"民主政体"实际上指的是"纯粹的民主政体"，一种"由少数公民亲自组织和管理政府的社会"②。有"纯粹的民主政体"，就有"不纯粹的民主政体"，即同样实行代议制的民主政体，密尔就是这种代议制民主政体的鼓吹者。密尔认为，纯粹的民主政体是"唯一平等的、唯一公正的、唯一由一切人治理一切人的政府、唯一真正的民主政体"③。但是，"既然在面积和人口超过一个小市镇的社会里除公共事务的某些极次要的部分外所有的人亲自参加公共事务是不可能的，从而就可得出结论说，一个完善的政府的理想类型一定是代议制政府了"④。所谓的"代议制政体就是，全体人民或一大部分人民通过由他们定期选出的代表行使最后的

① "这个制度的共和特色如果需要进一步证明的话，那么最明确的证明即是联邦政府和州政府下面都绝对禁止贵族头衔，而且对各州政府的共和政体形式均有明确保证。"汉密尔顿等：《联邦党人文集》，程逢如等译，商务印书馆1980年版，第194页。
② 同上书，第49页。这里的少数不是指众多人口中的少数，而是指人口很少，但全部都参加管理。
③ 密尔：《代议制政府》，汪瑄译，商务印书馆1982年版，第125页。
④ 同上书，第55页。

控制权"①。麦迪逊从代议制上界定的共和政体与密尔的代议民主制，难道不是如出一辙吗？麦迪逊所要区分的或许仅仅是从来没有真正实现过的纯粹的民主政体，而非代议制民主。这也难怪"数月后，在弗吉尼亚批准大会上，约翰·马歇尔（John Marshall），这位未来的最高法院首席大法官宣称：'宪法提供了一个规定完好的民主制度，在此制度下，没有一个国王或总统能够破坏代议制政府'"②。由此看来，以代议制来区分民主政体与共和政体，不但理论上有讲不通的地方，也未被当时的人完全接受。诚如罗伯特·达尔所言："在 18 世纪，'民主'和'共和'这两个概念在日常用语和哲学术语上都是可以互换使用的。"③ 岂止是 18 世纪，即便到了 20 世纪，这种"互换使用"仍然存在于卡尔·施米特的论述之中。

施米特认为："作为政体的民主制按今天的说法就是共和制。"④ 但施米特并没有详细解释为什么会这样，笔者只能通过他对共和制和民主制的论述看个究竟了。

---

① 密尔：《代议制政府》，汪瑄译，商务印书馆 1982 年版，第 68 页。
② 罗伯特·达尔：《美国宪法的民主批判》，佟德志译，东方出版社 2007 年版，第 145 页。
③ 同上书，第 144 页。
④ 施米特：《宪法学说》，刘锋译，上海人民出版社 2005 年版，第 239 页。

施米特认为："事实上，自从马基雅维里以来，'共和国'一词经常被用在消极的含义上，与作为政体的君主制相对立。"① 在谈到《魏玛宪法》和德意志共和国时，施米特说："德国人民在1918年11月否定了现存的君主制原则，这自动地等于选择了共和体制。但是，这个共和国的其他形态上的可能性——是建立一个国民法治国式的（立宪）民主制国家，还是建立一个社会主义的苏维埃共和国——并没有随之而获得一个明确答案。"② 这个悬而未决的问题在1919年的《魏玛宪法》中得到了解决。"魏玛宪法包含着这样一些根本政治决断：第一，选择民主制的决断，……第二，选择共和政体，而非君主政体的决断。"③ 综合这些论述，与君主政体相对立的共和政体至少包含两种类型：其一是"国民法治国式的（立宪）民主制"，其二是社会主义的苏维埃制，两者的

---

① 施米特：《宪法学说》，刘锋译，上海人民出版社2005年版，第240页。佩迪特也认为："反君主制通常被看作是共和主义传统的一个特征，尤其是在英国内战时期及其后的美国革命和法国大革命时期。"参见菲利普·佩迪特：《共和主义：一种关于自由与政府的理论》，刘训练译，江苏人民出版社2006年版，第22—23页。类似的思想也出现在伍德对美国革命的讨论中，参见戈登·伍德：《美国革命的激进主义》，傅国英译，北京大学出版社1997年版，第93—108页。

② 施米特：《宪法学说》，刘锋译，上海人民出版社2005年版，第93页。

③ 同上书，第28页。

区别在于："与共产主义组织相结合的俄国'苏维埃'统治和意大利'法西斯'统治包含着新式贵族制的要素。……它们只是一个过渡，还没有对政治存在的类型和形式作出最后决断。"① 基于这个论断，可以说民主制就是共和制，但不能反过来说共和制就是民主制。与前面对孟德斯鸠政体论的讨论相比较，只能说施米特关于民主制就是共和制的说法，延续了孟德斯鸠传统。

民主制真的就是共和制吗？笔者认为不能这么轻易下结论，抛开孟德斯鸠不谈，仅仅从施米特的对民主制的论述来看，也很难得出这样的结论。② 施米特认为民主制一词至少有两种含义：第一，"民主制是一种符合同一性原则（即具体的人民作为政治统一体与其自身相同一的原则）的政体"③。在这种政体下，人民自己统治自己，作为统治者的人民与作为被统治者的人民具有同一性。第二，"'民主制'一词还可以表示从事特定政治活动的方法。在这种情况下，它所描述的是一种政府形

---

① 施米特：《宪法学说》，刘锋译，上海人民出版社 2005 年版，第91 页。

② 关于民主政体，不同的思想家有不同的理解，没法找出一个标准的答案，这里为了讨论的方便，仅以施米特的民主政体作为讨论对象，以求管中窥豹。

③ 施米特：《宪法学说》，刘锋译，上海人民出版社 2005 年版，第239 页。

式或立法形式，其含义是，在权力区分的系统中，一项或几项权力——例如立法权或行政权——是按民主制原则、在国民享有尽可能广泛的参与机会的前提下组织起来的"①。这个区分非常重要，有助于澄清日常用语和学术讨论中的很多混淆之处。比如，作为"特定政治活动的方法"的民主制可以与世袭的君主结合起来，构成君主立宪政体，如英国、瑞典、日本等，这些国家可以说是民主制国家，但不能说采取的是民主政体，因为民主政体有着特殊的含义。

施米特认为："民主制（作为政体，也作为政府形式或立法形式）是统治者与被统治者、治理者与被治理者、施令者与服从者的同一性。"② 这个同一性不能简单地理解为统治者同时也是被统治者或与之相反的情况，这个同一性有着根本的前提预设，即人民的实质性平等和同质性，离开了这两个前提，就根本谈不上同一性。政治上的平等首先意味着区分，平等只可能是某个政治

---

① 施米特：《宪法学说》，刘锋译，上海人民出版社2005年版，第239页。此外，施米特还指出："民主制概念如同其他许多政治概念一样，变成了一个普泛的理想概念；不仅如此，这种理想概念的模糊性还给形形色色的理想提供了空间，最终给一切理想的、美好的、令人喜爱的东西提供了空间。人们将民主与自由主义、社会主义、公正、人性、和平、各民族的和解联系和等同起来。"同上书，第241页。

② 同上书，第251—252页。

统一体内部的平等，而不可能是基于人性的普遍平等，政治统一体内外的不平等，才使得政治统一体之内的平等具有实质的意义。政治平等是建立在人民同质性之中的，或阶级的同质性，或民族的同质性，或宗教的同质性，或基于其他因素的同质性，只有在具有同质性的人民之中，才可能建立起实质性的平等。施米特反对苏维埃共和国以阶级同质性取消民族同质性的做法，认为人民的同质性是建立在这样一种归属关系之中的，即"属于一个特定的民族"。不过施米特并没有简单地将民族等同于种族，"共同的语言、共同的历史命运、传统和记忆、共同的政治目标和希望"都有助于民族共同体的形成，但这些都不是实质性要素，实质性要素是特殊的政治意识，"民族是指因特殊的政治意识而被赋予了个性特征的人民"①。人民同质性的本质是"所有的人都具有相同的意志"，也就是卢梭意义上的"公意"。因此，同一性并不是说统治者和被统治者是完全相同的人群，这种情况从来就没有发生过，同一性是说统治者和被统治者具有相同的意志，从政治意志上讲，他们是完全相

---

① 施米特：《宪法学说》，刘锋译，上海人民出版社 2005 年版，第 248 页。"如果人民凭借其政治意识和全民意志从而具备区分敌友的能力，它就作为政治统一体而与其自身达到了同一性。"同上书，第 230 页。

同的人。同一性意味着政治意志差异性的阙如。

施米特基本上接受了古典政体分类，即君主政体、贵族政体和民主政体，但他并不从统治者的人数上来看待这三种政体，而是从政治形式的两个原则（同一性与代表）来重新解释这三种政体。国家是政治统一体（即人民）的特定状态，人民通过两种不同的方式实现和保持这种状态，其一是同一性原则："人民作为与其自身直接同一的实际在场的实体，构成了一个政治统一体……一国人民作为现存的实体，必须自始至终实际地在场。"其二是代表原则："人民的政治统一体本身从来不能在实际的同一性中直接在场，因而就始终要有人来代表它，这是一种人格化代表。"因此，任何政体的区分都可以追溯到同一性与代表之间的根本性对立，民主制是符合同一性原则的政体，而君主制是符合代表原则的政体，"'朕即国家'这句话的意思是，只有我才代表着民族的政治统一体"[1]。贵族制也以代表原则为基础，但"由于起代表作用的并非唯一的一个人，而是许多人，这个形式原则的后果就削弱和缓解了"[2]。也正因为如此，贵族制是一种过渡性的、不稳定的政体。

---

[1] 施米特：《宪法学说》，刘锋译，上海人民出版社 2005 年版，第 219 页。

[2] 同上书，第 316 页。

同一性与代表是政治形式（政体）的两个原则，现实的政治生活中，没有哪个国家绝对地采用同一性原则而完全放弃代表原则，或绝对地采用代表原则而完全放弃同一性原则，没有无代表的同一性，也没有无同一性的代表，"同一性与代表，并不相互排斥，它们只是政治统一体的具体构成过程中的两个相反的参照点"[1]。作为政治统一体的国家，建立在这两个相互对立的原则的结合之上。因此现实的政治形式必然要同时利用君主制要素、贵族制要素和民主制要素，也就是说同时利用同一性原则和代表原则。按照传统政体论的思路，现实的政治形式必然是作为混合政体的共和政体，但施米特放弃了这个传统的思路，转而大谈那个时代已经占主导的议会制。"议会制的基础是，它运用和混合了不同的、甚至相反的政治要素。它利用了君主制思想来加强行政（即政府），使之与议会保持平衡；它利用了关于代表机关的贵族制思想，在某些国家，还利用了关于两院制的贵族制思想；它还利用了关于人民决断权的民主思想，这里的人民不是被代表的人民，而是直接投票的人民。"[2] 施米特认为，议会制不是一种独立的政体，"而

---

① 施米特：《宪法学说》，刘锋译，上海人民出版社 2005 年版，第 219 页。

② 同上书，第 328 页。

是将不同的政府形式和立法形式付诸运用并加以混合的系统，其宗旨是要维持不稳定的平衡"①。施米特以《魏玛宪法》作为基本文本，分析了这样一种议会制。但《魏玛宪法》第1条说得很明白："德意志联邦为共和政体。"因此我们只能说，就《魏玛宪法》来说，共和政体就是议会制，议会制就是共和政体。施米特说得也很明白，在宪法的政治要素内部，"形形色色的政治形式原则和要素（民主制、君主制、贵族制）互相结合起来，混为一体。于是，当今宪法的这个政治要素便符合一个古老的传统：理想的国家秩序从来都要以不同的政治形式原则的结合和混合为基础"②。这难道不就是作为混合政体的共和政体吗？施米特对民主政体与共和政体的关系的论述是含混不清的，在与君主制相对立的意义上，他认为民主制就是共和制，但在现实的政权组织形式上，他又将共和制等同于议会制，而按照他的说法，议会制只是利用了民主制的原则，而不能被称为民主制的亚种。

从上面的讨论可以看出，民主政体与共和政体确实有着本质区别，但近代以来两者经常被混用也是可以理

① 施米特：《宪法学说》，刘锋译，上海人民出版社2005年版，第328页。
② 同上书，第215页。

解的，这是因为：第一，近代资产阶级兴起，君主和贵族日趋衰落，资产阶级革命使得君主政治和贵族政治最终仅在极少数地方维持形式上的存在，民主政治一跃成为政治主流，古典共和政体失去了据以存在的基础，即君主、贵族与平民的阶级分化，衰落也就在所难免了。共和政体逐步趋向民主化。第二，当坚持认为民主政体与共和政体不同时，民主政体指的是符合同一性原则的民主政体，也就是纯粹民主制，但这种政体实际上从来没存在过，任何民主政体最终都要利用代表原则，实行代议制。代议制并非近代才出现的，而是一种具有千年历史的古老制度。[①] 近代民主政体，更加充分地利用代议制，发展出完备的代议制民主，因此通常所说的民主政体，实际上指的是代议制民主，而非符合同一性原则的纯粹民主。所谓的代议制，实际上是在民主政体的基础上，对君主政体原则和贵族政体原则的运用，在某种意义上承继了古典共和主义的遗风，将代议制民主等同于新的共和政体也就顺理成章了。下面一节将论述，代议制是现代共和政体的基本原则。

不过，也不能简单地将代议制民主等同于共和政

---

① 参见弗朗索瓦·基佐：《欧洲代议制政府的历史起源》，张清津、袁淑娟译，复旦大学出版社 2008 年版。

体，只有代议制民主充分实施了分权原则和法治原则，才能称得上是共和政体。代议制、权力分立、法治和德性，是现代共和政体的基本原则，下面将通过这四个原则论述现代共和政体，同时也可以看出现代共和政体与古典共和政体的异同。[①]

四、现代共和政体的基本原则

第一，代议制原则。前面已经讨论过，麦迪逊试图以是否实行代议制来区分民主政体和共和政体，但事实是，无论民主政体还是共和政体，都要实行代议制，两者的真正区别不在于是否实行代议制，而在于对代议制的不同理解。代议制并不是民主政体的内在要求，它与民主制的同一性原则相冲突，民主政体对代表的接受是一种不得不然的举措，因为按照施米特的说法："所谓的代表民主制是典型的混合和妥协形式……如果将代表民主制当作民主制的一个亚种来对待，那是很不准确

---

① 这些制度性措施并非现代的新发明，古代共和政体已经利用了"法治、诸多职位与团体之间的权力分治、社会各阶级通过不同方式获得代表、任期限制、职位在不同公民之间的轮换"等制度措施，现代共和政体对这些制度措施的理解与古代共和政体有些许相同。参见菲利普·佩迪特：《共和主义：一种关于自由与政府的理论》，刘训练译，江苏人民出版社 2006 年版，第 314 页。

的，因为代表恰恰表明了这种民主制的不民主方面。就议会是政治统一体的代表而言，它与民主制是对立的。"① 因此，对民主政体而言，代议制仅仅是一项技术原则，因为无法实现同一性原则，就只能采取变通的方法，代议制是最接近同一性原则的措施。降低选举年龄，实行普选权，使更多的民众参与政治决断，都是为了使代议制更趋向于同一性原则。

与之相反，代议制是共和政体的本质要求，是一种理性原则。潘恩认为："共和政府是为了个体和集体的公共利益而建立和工作的政府。它无需同任何特定的形式相联系，但是它却很自然地同代议的形式结合起来，因为代议制最适合于达到国民付出代价来支持的目标。"② 古典共和政体被称为优良政体，是因为它能充分利用各种有助于国家治理的要素：利用君主的权威与统一性，利用贵族的美德与智慧，利用平民的自由与人数。近代君主和贵族衰落之后，共和政体失去了两种重要的要素，但代议制可以使民众选择他们认可的"君

---

① 施米特：《宪法学说》，刘锋译，上海人民出版社 2005 年版，第 233 页。类似的论述亦可参见汉娜·阿伦特：《论革命》，陈周旺译，译林出版社 2007 年版，第 221—222 页。

② 托马斯·潘恩：《潘恩选集》，马清槐译，商务印书馆 1981 年版，第 244 页。

主"和"贵族",替代原本世袭的君主和贵族,代议制不是"民主",而是"选主"。① 正是通过代议制,选民可以源源不断地选举他们的新"君主"和新"贵族",从而在世袭制败落后,仍然延续古典的共和政体。人人平等的精神并不能掩盖人们之间在才智与德性方面的差别,在不可能实现全体国民共同治理国家的情况下,将国家托付给有才德的人,是更为明智的选择。比起抓阄,选举是更有可能发现德才兼备之人的方法。②

在代议制中,选举至关重要,直接关系到代议制的品质。选举的目的是选择最有才德之人来治理国家,因此一切选举措施的设置必须服从和服务于这个目标。选举必须是自由的,选举人能够独立自主地投票,任何具有被选举权的人都能自由地参与竞选,如果选票只能投给指定的候选人,那就不是自由选举。选举必须是公开透明的,暗箱操作不是选举。选举不等于选择,选举是自下而上的过程,而选择是自上而下的过程,如果代表

---

① 参见王绍光:《民主四讲》,生活·读书·新知三联书店 2008 年版,第 47 页。

② 孟德斯鸠认为:"古代共和国有一个重大弊病,那就是人民有权作出需要付诸行动、需要在一定程度上执行的决议,可是,这是人民根本无法胜任的事。人民参与治国应限于遴选代表,这很适合他们的能力。因为,虽然没有多少人确切地了解他人的能力如何,可是每个人一般都能知道某人是否比其他人更明白事理。"参见孟德斯鸠:《论法的精神》,许明龙译,商务印书馆 2009 年版,第 159 页。

是上层挑选和内定的，那么选举就成了一块遮羞布。

代表和代议制政府虽然是选民选举产生的，但他们不是选民的传声筒，而具有独立的意志，代表以他们自己的意志行使权力。当然，代表为了赢得选民的支持，会听取和尊重选民的意见，但代议制的实施就是为了让有才德之人运用他们的才智来治理国家，他们完全听从于选民既不可行也不可取。在代表的意志和选民的意志之间，永远存在一种紧张关系。选民一旦选出了"主"，就要受制于"主"，他们只有通过定期的选举、批评建议、游行示威等方式，来表达他们的意志，以便影响政府的决断，这就解释了为什么言论自由在共和政体中具有突出重要的地位。代议制实际上是一种新型的贵族制，是在民主的基础上，通过选举创设的贵族制。

代议制政府同样可能成为专制政府，因此必须同时引入权力分立原则和法治原则，来制约代议制政府可能的专断，保护人民的权利。"如果不对代议制权力施加限制，人民的代表将不再是自由的捍卫者，而是暴政的候选人，而且，一旦暴政得以建立，很可能会证实一切都更为可怕，因为暴君更为众多。"[1] 正如前面所说，仅

---

① 邦雅曼·贡斯当：《古代人的自由与现代人的自由》，阎克文、刘满贵译，上海人民出版社 2003 年版，第 104 页。

仅是代议制民主还不能称之为共和政体，必须同时引入权力分立原则和法治原则。

第二，分权原则。按照施米特的说法，分权原则不是民主政体的内在要求，而是法治国的内在要求，分权原则是从外部对民主制的限制，与民主制是对立的，因为"在绝对民主制下，人民意志是至高无上的；它不仅是最高法律，而且还是最高司法裁判、最高行政机关的行为"①。分权原则将立法、行政和司法分开，将原本统摄这三种权力的民主制原则相对化了，使之变成了立法的组织手段，而不再是一种政体模式。

但是，权力分立却是现代共和政体的内在要求。在古典共和政体中，虽然已经有了立法权、执行权和司法权这样的观念，也有国王、元老院和平民大会这样的政权组织，但没有任何实践和思想将这三种权力独立地分配给这三个机构，在不同的时期和国家，这三个机构经常同时行使这三种权力。②"古代政治理论家的主要关注是在社会各阶级之间获得一种平衡，并因此强调政府各

---

① 施米特：《宪法学说》，刘锋译，上海人民出版社 2005 年版，第 278 页。
② 参见孟德斯鸠对罗马立法权、执行权和司法权的分析，孟德斯鸠：《论法的精神》，许明龙译，商务印书馆 2009 年版，第 176—184 页。

机构反映的社区的不同利益同样应当在深思、管理和司法的职能行使上各自扮演一定角色。古希腊罗马的这种独具特色的理论因此是一种混合政体的理论，而不是权力分立的理论。"① 从作为混合政体的共和政体向作为分权政体的共和政体的转变，是历经几个世纪在英国慢慢完成的，并通过洛克和孟德斯鸠的理论化阐释，以及美国的分权实践，才最终确立起来。在这个过程中，有两个主要的步骤："首先是坚持特定机构应限于行使特定职能。第二是出现了对独立的司法部门的承认，这些司法部门将拥有与君主、贵族院和平民院同等的地位。这第一步是在17世纪实现的，第二步只是到了18世纪才完全实现。"②

分权的确立与古典共和的衰落密切相关。在古典共和政体中，国王、贵族和平民几乎在每种权力上都形成了均势，他们之间构成一种相互制衡的关系。但随着国王和贵族的衰落，新的民选代议制议员的兴起，原来这种天然的权力制衡格局被打破了。如果民选的代表作为一个整体掌握三种权力，而他们之间又没有相互制约，

---

① M. J. C. 维尔：《宪政与分权》，苏力译，生活·读书·新知三联书店1997年版，第22页。

② 同上书，第34页。对这个转化过程的详细考察，参见第34—69页。

那么很可能出现新的专制集团。为此，将三种不同的权力分配给三个独立的机构，使其相互监督和牵制，未尝不是一个实现新的权力平衡的好办法。权力分立是防止代议制政府成为暴政的一种方法。诚如阿伦特所言："分权原则不仅提供了一种保障，以免权力被政府的某一部分所垄断；而且实际上还提供了一种机制，这种机制构成了政府的心脏，透过它，新的权力可以生生不息，又不会过分膨胀而侵害其他权力中心或权力源泉。"① 正是这样一种措施，使得古典共和政体顺利地转变为现代共和政体。

权力分立有严格的权力分立和非严格的权力分立两种情况，在前一种情况下，"一个职能范围内的任何机关或人员均不得同时属于另一个职能范围，因此，就存在着极端严格的不相容性"。在这种情况下，不仅一个权力机关内的人员不得同时是另一个权力机关的人员，而且"一个职能范围内的任何机关均不得行使按其实质内容来看属于另一个职能范围的权力；一个职能范围内的任何机关均不得对另一个职能范围内的机关行使职

① 汉娜·阿伦特：《论革命》，陈周旺译，译林出版社 2007 年版，第 136 页。

权"①。对于非严格的权力分立，不同权力机关存在着人员上的交叉，尤其是实行议会制政府的国家，部分国会议员可能同时充任行政机关领导人，这种议员充任行政官员的做法确保了议会对政府的控制，是议会主权国家通行的做法。但如果反过来，行政机关的大部分一把手同时都充任人大代表，将人民代表大会变成政府的"橡皮图章"，那么就有违共和政体的基本原则了。权力分立没有固定的模式，但其基本原则要求，至少立法、行政和司法三种权力不能最终掌握在一个团体手中，否则必然造成事实上的专断。

第三，法治原则。民主政体本质上是反法治的，因为人民作为立宪权主体，是先于法律而存在的，人民不受任何法律限制，他们就是最高的法律。施米特认为："一切宪法都出自拥有政治行动能力的人民的具体政治决断，就连其法治国要素也不例外。"② 与之相反的是，共和政体本质上就是法治政体，法治是共和政体的内在要求：首先，共和政体需要以法治来建构国家权力，建构意味着形成，也意味着控制，代议制原则和权力分立原则，最终需要经由法治原则来落实，离开了法治，代

---

① 施米特：《宪法学说》，刘锋译，上海人民出版社 2005 年版，第197—198 页。
② 同上书，第256 页。

议制和权力分立都只是一些不稳定的临时措施；其次，共和政体需要以法治来保护公民的基本权利，维护共和政体赖以存在的基础，即公民身份。对包括自由权在内的公民基本权利的保护并非对共和政体的限制，而是确立共和政体的必然要求。共和政体既不相信君主，也不相信人民，它只相信一套秩序规范，即宪法与法治，如哈林顿所言，共和国是"法律的王国，而不是人的王国"[1]。

第四，德性原则。上述三种原则都是制度性原则，共和政体还有一个精神原则，即德性原则。"共和（国）是一种建基于其公民的美德和爱国主义之上的理想国家形式。"[2] 制度原则能否运转良好，换句话说，共和政体能否有效建立并持久维系，很大程度上取决于德性原则。孟德斯鸠认为，每一种政体都有各自的原则，这些原则构成了该政体的动力，缺失了相应的原则，政体便不能有效运转。作为共和政体的两种形式，无论平民政体还是贵族政体，都需要美德，即便贵族政体所需要的节制，本质上也是一种略低一点的美德。"共和国的美德很简单，那就是爱共和国。这是一种情感，而不是认

---

① 詹姆士·哈林顿：《大洋国》，何新译，商务印书馆 1963 年版，第 6 页。
② 诺伯托·博比奥、莫里奇奥·维罗里：《共和的理念》，杨立峰译，吉林出版集团有限公司 2009 年版，第 3 页。

知的结果，上自元首，下至小民，人人都可以怀有这种情感。"① 因此，爱国主义是德性原则的核心。

五、自由政体

共和政体是一种自由政体，这是古今共和政体论者普遍的共识，也是共和政体成为优良政体的原因所在。"在罗马传统中，三个轴心式的思想就是：一种无支配的自由观念，一种认为无支配的自由需要一种其中的政策着眼于共同善之宪法的主张，一种相信某些制度形式——具有罗马特征的制度形式——可能会成为这种宪法之一部分的信念。"② 共和政体确保政治自由的方式有两种：首先是通过代议制和分权原则建构自由政体，其次是通过法治原则确保公民的基本自由。③ 代议制看似

---

① 孟德斯鸠：《论法的精神》，许明龙译，商务印书馆 2009 年版，第48 页。
② 菲利普·佩迪特：《共和主义：一种关于自由与政府的理论》，刘训练译，江苏人民出版社 2006 年版，第 314—315 页。
③ 孟德斯鸠在论述政治自由时，已经注意到了这两种不同的方式，"就政治自由与政制的关系而言，政治自由是由三种权力的某种分配方式确立的"；"就自由与公民的关系而言，习惯、风尚以及惯例都可带来自由；本章将要谈及，某些公民法也能促成自由"。参见孟德斯鸠：《论法的精神》，许明龙译，商务印书馆 2009 年版，第192 页。

与公民政治参与自由相抵牾，某种意义上剥夺了一些人直接参与政治的可能性，但代议制是避免暴民政治的有效手段，全民政治往往会走向极端，结果是每个人的自由都受到了威胁。而分权原则是预防代议制政府专制的必要措施，避免将权力集中到某个人或某个团体手中，同时以权力限制权力，避免权力的滥用。代议制和分权原则一起建构了一个自由政体，只有在一个自由的国家中，自由才是可能的。与此同时，共和政体运用法治原则，驯化权力，保护公民的基本自由。因此正如杰斐逊所言，共和国是"永远不会公开或秘密地与人类权利开战的唯一政府形式"[1]。

共和政体反对任何形式的专制，无论是一人专制，还是少数人专制，抑或多数人专制。虽然人类历史上一人或少数人专制多，而多数人专制少，但多数人的专制往往比少数人的专制更为可怕。"如果民族作为制宪权主体与专制君主进行斗争并废除了绝对王权主义，他们会以同样专制的方式取代专制君主。在这里，专制性延续了下来，其程度并未改变，甚至还有所提高，因为人民在自己的国家中达到了政治上的自我同一性。这个过

---

[1] 转引自汉娜·阿伦特：《论革命》，陈周旺译，译林出版社2007年版，第217页。

程的政治力量导致了国家权力的增强，导致了极其严密的统一性和不可分割性。"① 更为可怕的是，在现代社会，一人或少数人专制往往需要假借人民的名义，"标榜自由的人民实际上是一小撮阴谋家的奴仆"（皮埃尔·贝尔语）。② 其结果是绝对的同一性原则与绝对的代表原则相互结合，一人或少数人专制穿上了人民民主的外衣。共和政体反对任何形式的绝对权力，无论这个权力由一人、少数人还是多数人掌握，即便是人民主权也并非不受限制，相反，"它应该被约束在正义和个人权利所限定的范围之内。即使全体人民的意志也不可能把非正义变成正义"③。如果君主并不寻求绝对的权力，而是自愿遵循宪法的规定，也不是不可接受的。重要的不是掌握权力的人数，而是不能有绝对的权力。专制不在乎掌权者是多是少，只在乎权力是否足够绝对。

那么共和政体是何种意义上的自由政体呢？也就是说这里的自由意指为何呢？今天讨论自由，基本上绕不开贡斯当关于古代人的自由和现代人的自由的区分，或

---

① 施米特：《宪法学说》，刘锋译，上海人民出版社 2005 年版，第 58 页。
② 转引自王绍光：《民主四讲》，生活·读书·新知三联书店 2008 年版，第 23 页。
③ 邦雅曼·贡斯当：《古代人的自由与现代人的自由》，阎克文、刘满贵译，上海人民出版社 2003 年版，第 85 页。

伯林在相同意义上对积极自由与消极自由的区分。贡斯当认为，古代人的自由在于以集体的方式行使主权，每个人都积极地参与所有政治事务的决断。"在古代人那里，个人在公共事务中几乎永远是主权者，但在所有私人关系中却都是奴隶。作为公民，他可以决定战争与和平；作为个人，他的所有行动都受到限制、监视与压制。"① 古代人没有个人自由的观念，而现代人则恰恰相反，他们追求"享受有保障的私人快乐；他们把对这些私人快乐的制度保障称作自由"②。在共和主义与自由主义对举的情况下，这种古代人的自由被归属于共和主义传统，而现代人的自由则构成自由主义的核心。但正如佩迪特所指出的，共和主义的自由观并非古代人的自由或积极自由，而是既不同于积极自由也不同于消极自由的第三种自由，即无支配的自由。

佩迪特认为，在强调自我控制的积极自由和强调不存在他人干涉的消极自由之间，存在着第三种自由，即无支配的自由，它同样是指某种"阙如"状态，但"阙如"的不是干涉而是他人的控制（支配）。"这种可能的方式与消极自由观有共同的观念性要素，即它着眼于阙

① 邦雅曼·贡斯当：《古代人的自由与现代人的自由》，阎克文、刘满贵译，上海人民出版社2003年版，第48页。
② 同上书，第54页。

如（absence）而非存有（presence）"，与消极自由不同的是，前者阙如的是他们的支配，而后者阙如的是他们的干涉；这种可能的方式"与积极自由观也有共同的观念性要素，即它着眼于控制（mastery）而非干涉（interference）"。[1] 与积极自由不同的是，前者着眼的是排除他们的控制，而后者着眼的是积极的自我控制。这里重要的是支配与干涉的不同，其关键点在于"无干涉的支配（domination without interference）与无支配的干涉（interference without domination）都是可能的"。举例来说，一个奴隶的主人可能出于某种原因并不实际干涉奴隶的自由选择，但奴隶仍然处于其主人的支配之下，主人仍保留着在某种情况下无须经过奴隶的同意就实际干涉其选择的权利和能力；相反的情况是，一个自由的公民，在某种情况下，基于某个正当的理由，可能受到法律或他人的实际干涉，但他并不因此处于任何人的支配之下。共和主义传统珍视的是这种排除他们支配的自由。政治参与当然重要，"但它的重要性不是来自于它与自由在定义上的关联，而在于它是保护自由的一种手

---

[1] 菲利普·佩迪特：《共和主义：一种关于自由与政府的理论》，刘训练译，江苏人民出版社 2006 年版，第 24 页。

段这一事实"①。为什么说共和主义传统珍视的是这种无支配的自由而非积极自由或消极自由呢？首先，"在共和主义传统中，自由是根据自由（liber）和奴役（servus）、公民和奴隶的对立来定义的。自由的条件可以通过一个人的这样一种身份来说明：与奴隶不同，他不会服从于其他人专断的权力，也就是说，他没有受到其他人的支配"。自由就是一种非奴役状态，排除了任何可能的主人，获得了主体性。其次，"在共和主义传统中，自由可以通过这样一种方式得到说明，即不仅在没有受到实际干涉的情况下可能丧失自由，而且，非控制的干涉者（non-mastering interferer）所实施的干预也没有使人变得不自由。正如我们将要看到的，共和主义者所设想的非控制的干涉者就是一个秩序良好的共和国的法律和政府"②。制定良好的法律和自由的政府即便实际上干涉了人们的生活，但并没有危及人们的自由，因为制定良好的法律是自由的构成要素，共和国的良好法律创造了公民享有的自由。

基于这种无支配的自由，说共和政体是一种自由政体，意指共和政体是一种排除任何非法专断之可靠性的

---

① 菲利普·佩迪特：《共和主义：一种关于自由与政府的理论》，刘训练译，江苏人民出版社 2006 年版，第 34 页。
② 同上书，第 35 页。

政体，它可能会通过法律干涉人们的选择，但它排除了任何人对于任何个人或群体支配的可能性。就本章的主题而言，为何赋予少数族群同等甚至超过多数族群的自由时，少数族群仍感觉自己不自由呢？原因就在于，少数族群珍视的是无支配的自由而非无干涉的自由，他们感觉不自由的原因在于，他们总是认为自己处于多数族群的支配之下，这个心结是自由主义所无法解开的，必须诉诸此种共和主义的无支配的自由观。共和政体能够确保少数族群无支配的自由，让他们感觉到自己受到了平等的承认，获得了应有的尊重和尊严。

第七章
法律的政制之维： 施米特论代议制

一、议会制危机

在《当今议会制的思想史状况》一书中，施米特提出一个令人费解的论断："按流行的观点来看，议会制今天处在中间，受到布尔什维克主义和法西斯主义两面夹击。这是个简单而又浮浅的概括。议会体系和议会制度的危机，其实来自现代大众民主的环境。"更具体地说，"议会制危机是从现代大众民主中产生的，归根结底，是从充满道德情怀的自由个人主义与本质上受政治理想支配的民主制的国家感情之间的矛盾产生出来的。……就深层而言，这是自由个人主义意识与民主同质性之间不可逃避的矛盾"。① 也正因为如此，施米特反

---

① 施米特：《当今议会制的思想史状况》，冯克利译，载施米特：《政治的浪漫派》，刘小枫编，上海人民出版社 2004 年版，第 169、171 页。

复强调，议会制的基础不是民主，而是自由主义，因此，民主与自由主义之间的矛盾是理解议会制危机的关键。但是，同样是按照流行的观点来看，议会制常常被视为民主制的亚种，所谓的间接民主制或代议制民主，密尔、伯克、贡斯当、基佐乃至联邦党人，对此都有详尽的论述。① 现如今，议会制民主更被视为切实可行的民主实现方式，也是当今民主的普遍模式，显然是将民主视为议会制的基础，并且与自由主义相辅相成。那么施米特所谓的议会制危机来源于大众民主的发展，又是从何讲起的呢？又该如何理解呢？

　　在传统的政体分类中，并没有议会制的一席之地。从亚里士多德到孟德斯鸠，传统的政体分类一直未突破君主制、贵族制、民主制以及它们的各种变态和混合形式这个框架，而议会制是近代早期主要在英国逐步发展起来的一种新的政治形式，基佐对此制度的历史起源曾

----

① 以密尔为例，在论证了"理想上最好的政府形式就是主权或作为最后手段的最高支配权力属于社会整个集体的那种政府"，"能够充分满足社会所有要求的唯一政府是全体人民参加的政府"后，密尔认为"既然在面积和人口超过一个小市镇的社会里除公共事务的某些极次要的部分外所有的人亲自参加公共事务是不可能的，从而就可得出结论说，一个完善政府的理想类型一定是代议制政府了"。参见密尔：《代议制政府》，汪瑄译，商务印书馆 1982 年版，第 43、55 页。

做过非常详尽的考察。① 施米特认为："议会制不是一种独立的政治形式，它既非特殊的政体，亦非特殊的政府形式，而是将不同的政府形式和立法形式付诸运用并加以混合的系统，其宗旨是要维持不稳定的平衡。……这种制度使不同的政治形式保持着不稳定的平衡，它同时运用了同一性要素和代表要素，运用了君主制、贵族制和民主制这几种不同的结构要素，因而就以一种特殊的方式符合自由市民阶层和国民法治国的政治趋向。"② 简单来说，议会制的思想基础不是民主而是自由主义，议会制是自由主义对传统政体形式的一种实用主义的选择性利用，如果一定要说议会制更类似哪种传统政体形式，施米特认为，议会制更类似一种贵族制或寡头制，但是与民主制相去甚远。

议会制的社会基础是自由市民阶层的教养和财产，它们共同构成现代议会制的支撑点。当然，教养和财产并不是议会制独有的社会基础，亚里士多德在讨论政体分类时，已经详尽论述教养（出身）和财产对政体类型的决定性意义。教养是一种个人素质，关乎人的理性，

① 参见弗朗索瓦·基佐：《欧洲代议制政府的历史起源》，张清津、袁淑娟译，复旦大学出版社 2008 年版。
② 施米特：《宪法学说》，刘锋译，上海人民出版社 2005 年版，第328—329 页。

议会应该是由有教养的人组成的，从而是理性的汇集，议会的统治是理性的统治，代表着整个民族的教养和理性。因此对自由市民阶层的议会制来说，人的教养，特别是议会中议员的教养是议会制坚实的社会基础，是理性辩论的前提条件。财产曾经与人的教养密切相关，一般认为有财产才能有教养，如中国古语所谓的"仓廪实而知礼节"（《管子·牧民》），但两者之间并没有必然的联系，有财产不一定有教养。"财产不是一种可被代表的品质，但财产占有者的利益可以被代理。"① 代表与代理的区别，下文会详细讨论。对于施米特来说，秘密投票和党派政治的发展，使得议会成为各种利益的代理机构，议员不再是全体人民的理性或教养的代表，而是各种利益团体的代理人，议会不再是理性辩论的公开场所，而是各种利益讨价还价的藏污纳垢之地。财产取代了教养，利益取代了理性，现代议会制的社会基础发生了倾覆，而这一切都是自由资本主义的发展结果，民众对利益的无止境追求以及由此带来的种种冲动，破坏了议会制的思想基础：辩论和公开性。

　　虽然施米特认为议会制利用了君主制、贵族制、民

---

① 施米特：《宪法学说》，刘锋译，上海人民出版社 2005 年版，第333 页。

主制要素，是各种政体要素的折中与混合，但施米特并不认为议会制仅仅是一种权宜之计，议会制有自己独立的思想基础，即辩论和公开性，这是伯克、边沁、基佐和密尔等议会制思想家一以贯之的思想主题。"辩论指意见交流，其目的是通过论证某事为真理或正确而说服对手，或被人说服而认为某事为正确或正当。"① 而公开性为政治开辟了公共领域，使得各种权力和言辞置于公民的监督之下，从而保证对真理的寻求，国家能置于理性统治之下。辩论和公开性使得议会在意见分歧而非利益分歧的基础上，形成理性共识，从而发现真理和正义，或者可以说，辩论和公开性是自由主义获取卢梭所谓的"公意"的方式。对于施米特而言，如果议会能够始终贯彻辩论和公开性原则，那么议会就具有代表原则的品性，因为它能够在多元的基础上形成理性的统治。不幸的是，议会已经成为党派利益的工具，成为利益妥协和秘密政治的场所，议会制的思想基础荡然无存，至少在魏玛时期的德国是如此。

但这与大众民主的发展有何关联呢？在施米特看来，大众民主的发展催生了各种各样的政党，他们作为

---

① 施米特：《当今议会制的思想史状况》，冯克利译，载施米特：《政治的浪漫派》，刘小枫编，上海人民出版社 2004 年版，第 162 页。

社会和经济利益的权势集团，为了在议会中占据多数，进而掌控国家权力，不遗余力地以各种方式去动员和煽动群众，特别是极"左"的无产阶级政党和极右的纳粹党，它们是大众民主发展的最极端的表现形式，它们并不认同《魏玛宪法》的基本原则，但它们可以通过合法的竞选进入国会，进而改变《魏玛宪法》确立起来的共和体制。对于施米特而言，"敌友之分"中的敌人不仅指外部敌人，也包括内部那些试图以合法方式篡夺权力进而破坏宪法的人。"议会民主制在相当程度上已经被'大众政治'——通过现代传媒进行的宣传、广告式的竞选语言、煽动性的传单、满足大众'最直接的需求和冲动'的种种廉价的保证和主张——架空和取代。……简单地说，魏玛共和国的自由主义宪法有可能为宪法的敌人打开通向国家权力的道路，这是施米特的核心论点。"① 也就是说，魏玛的议会制不但不能形成理性的统治，反而为宪法的敌人提供了可乘之机。为应对此种危机，施米特以同一性和同质性来解释民主，并将代表原则追溯到天主教神学，从而希望在自由资产阶级议会制和布尔什维克及无政府-工团主义专政之间，在《魏玛

---

① 张旭东：《施米特的挑战——读〈议会民主制的危机〉》，《开放时代》2005 年第 2 期，第 132 页。

宪法》框架内，以天主教的代表观念重构代议制的思想基础，即以一元的总统制取代多元的议会制，表现为总统动用《魏玛宪法》第48条的授权实行"委任独裁"，但这一努力稍稍往前再走一步，就成了纳粹党"主权独裁"的理论资源，而这恰恰是施米特曾经非常警惕的《魏玛宪法》的敌人之一。

二、同一性与代表

国家是一国人民所构成的政治统一体的特定状态，政体是政治统一体的构成方式，即此特定状态的政治形式。传统上通常依据统治者人数的多寡以及出身、财富等因素，将政体划分为君主制、贵族制、民主制以及它们的变态和混合形式，但在施米特看来，各种政体之间的差异，实际上是两个相互对立的政治构成原则所决定的，一切政治统一体都从这两个原则的实现中获得其具体形式，这两个政治构成原则即同一性与代表。

所谓同一性，是指人民"可以在其直接给定性中——凭借强大的、有意识的同质性、并由于固定的自然疆域或其他任何原因——具备政治上的行动能力。在这种情况下，人民作为与其自身直接同一的实际在场的实体，构成了一个政治统一体"。这个拗口且抽象的表述实际上包含两层含义：首先，同一性意味着政治统一体的存在状态，必须事实上存在着一个政治统一体；其次，同一性意味着作为政治统一体的人民实际在场，作为统治者的人民与作为被统治者的人民是同一的。直接民主制是最接近同一性原则的政治形式。所谓代表，是指"人民的政治统一体本身从来不能在实际的同一性中直接在场，因而就始终要有人来代表它，这是一种人格化代表"①。这个表述同样包含着两层含义：首先，代表的前提是存在着一个政治统一体，但它不能实际在场；其次，代表意味着由某个或某些实际在场的人代表着政治统一体，也就是说统治者和被统治者是不同一的。"代表意味着通过公开现身的存在使一种不可见的存在变得可见，让人重新想起它。这个概念的辩证法在于，它预设了不可见的东西的缺席，但与此同时又使它在场了。"② 君主制是代表原则最典型的表现形式，"朕即国家"的意思是，唯有君主才能代表国家。

再回到政体分类问题上，从理论上讲，民主制是按照同一性原则构成的，君主制和贵族制是按照代表原则

---

① 施米特：《宪法学说》，刘锋译，上海人民出版社 2005 年版，第219 页。
② 同上书，第 224 页。

构成的，就对代表原则的运用上，君主制和贵族制是相同的，差别仅在代表的人数上。但施米特认为，在实际的政治生活中，没有哪个国家能够放弃同一性，而实行绝对的代表；也没有哪个国家能够放弃代表，而实行绝对的同一性。实际的政治总是同一性原则和代表原则的辩证统一，原因何在呢？这就要从同一性这个概念说起。前面讲过，同一性不仅意味着政治统一体的存在，而且意味着政治统一体的实际在场，即统治者与被统治者的同一。而事实上根本无法实现统治者与被统治者的完全同一并且实际在场，因此同一性所预设的与其说是实际在场，毋宁说是组成政治统一体的人民的同质性。施米特通过卢梭的《社会契约论》来说明这个问题，在施米特看来，"卢梭的《社会契约论》所提出的国家学说中，包含着这两种有着内在不一致的不同因素，外表是自由主义的，国家之正当性理据是一份自由契约。但接下来对'公意'这个核心概念的描述和阐发却表明，在卢梭看来，真正的国家只能存在于人民具有同质性、从而基本上存在着全体一致的地方"[1]。也就是说，国家

---

[1] 施米特：《当今议会制的思想史状况》，冯克利译，载施米特：《政治的浪漫派》，刘小枫编，上海人民出版社2004年版，第168页；类似的论述亦见施米特：《宪法学说》，刘锋译，上海人民出版社2005年版，第246页。

的真正基础并非契约，而是签订契约的人民的同质性，人民服从"公意"的原因在于："人民的实质性平等达到了极高的程度，正是出于这种相同的实质，所有的人都有相同的意志。"① 因此，同一性是靠同质性而非实际的在场来保证的，姑且不要说几乎不可能所有人都同时在场，即便都能同时在场，也不能保证具有完全一致的意见。更为重要的是，对于施米特来说，数量上的总和也不构成政治统一体，"因为政治统一体超越了空间中的集会，超越了集会的那个时刻"②。政治统一体不是量的总和，而是质的同一（公意）。因此，同一性所预设的实质同质性，意味着两种专政的可能：其一是排除不具有同质性的异己分子的专政，其二是以专政的手段来促成实际上或许并不存在的同质性。这也是施米特后面反复申说的民主与专政并不矛盾的原因，建立在同一性之上的民主，恰恰需要以专政的手段来提供人民的同质性。总而言之，同一性所要求的，不是人民现实中的实际在场，而是人民具有绝对的同质性。至于是哪个方面的同质性，施米特诉诸了民族，不过不是民族的血缘、历史或语言等方面的同质性，这些固然重要，但更为根

---

① 施米特：《宪法学说》，刘锋译，上海人民出版社 2005 年版，第 246 页。

② 同上书，第220页。

本的是政治意志上的同质性。[1]

与同一性和同质性相反，代表是个实在的概念，因为代表必然意味着实际的在场。如果代表的前提是存在着一个政治统一体，而政治统一体的同一性又是一个预设的同质性概念，那么实际上意味着政治统一体是通过代表而实际存在的，同质性内在于代表中。虽然从理论逻辑上说，先存在政治统一体，然后才存在代表，但从事实逻辑上看，当存在一个真正的代表时，说明政治共同体是统一的，当存在着两个或多个不同的代表时，就意味着政治共同体的瓦解或不稳定的统一。这就像立宪君主制经常存在究竟是君主代表人民还是议会代表人民的疑问一样。如果同一性意味着人民的同质性，具有相同的政治意志，那么由一个人作为代表，还是由几个人集体作为代表（几个人组成一个代表，而不是几个不同

---

[1] 施瓦布指出，至少在种族的概念上，施米特并没有遵循纳粹的路线，参见施瓦布：《例外的挑战》，李培建译，上海人民出版社2011年版，第169—179页。张旭东也认为："施米特并不是指望有一种'纯粹的''同质性的'人民，或一种'自然形成'的共同体，而恰恰是强调具体的人民总是不纯粹的、不同质的集合体，所以真正的政治认同不能是文化认同（更不要说是种族认同），而是国家认同，而国家认同的基础不在于抽象的国家理念或制度安排，而在于一种实质性的政治意识。"参见张旭东：《施米特的挑战——读〈议会民主制的危机〉》，《开放时代》2005年第2期，第128页。

的代表），其结果都是一样的，因为代表的意志和被代表的人民的意志是一致的，但后者不如前者，因为几个人组成的集体容易发生内部分歧，进而影响代表性，这就是施米特认为贵族制是不稳定的过渡形式的原因，而君主制才是最典型的代表原则的体现。因此，同一性实际上是通过代表来体现的，绝对的同一性意味着绝对的代表。施米特认为，"如果彻底实施同一性原则，就会导致一个危险，即根本前提——人民的实质上的同类性——有可能被虚构出来"[1]。而虚构的办法必然是将人民的实质上的同类性（同质性）统一到绝对的代表身上。[2] 从这个意义上讲，没有代表就没有同一性，不同政体之间的差别不是代表与同一性的对立，而是不同程度的代表之间的差别：是绝对的一人代表呢？还是少数人代表呢？抑或多数人来代表？只存在一个代表还是存在两个甚至多个代表？因此，政体问题，最终是个代表问题，对政治问题的探讨，同一性和同质性是个预设，就像人民主权是个预设一样，核心问题是谁代表政治统一体，就此而

---

[1] 施米特：《宪法学说》，刘锋译，上海人民出版社 2005 年版，第 230 页。

[2] 施瓦布认为："在施米特的理论体系中，公意只能体现在一个人上，即由德国人民选举出来的那个人。施米特排斥人民可以全面参与决策的想法。"参见施瓦布：《例外的挑战》，李培建译，上海人民出版社 2011 年版，第 33 页。

言，代表原则可谓是政治构成的第一原则。

按照施米特的说法，议会制类似于贵族制，就其对同一性与代表原则的运用上讲，议会制处于一种不稳定的过渡状态。议会制容易因内部的党派纷争，使得作为政治共同体统一代表的议会，分裂为相互对立的多个代表，进而破坏政治共同体的同质性和同一性，而这正是当时魏玛政治的真实写照。因此，对议会制危机的拯救，核心问题是代表问题。为此施米特提出了代议制的另外一条路径，即总统制。与建立在自由主义之上的议会制不同，施米特为之辩护的总统制是建立在民主的同一性之上的，其思想源头可以追溯到天主教神学的代表观。

三、代表原则的神学基础

施米特认为："现代国家理论中的所有重要概念都是世俗化了的神学概念，这不仅由于它们在历史发展中从神学转移到国家理论，比如，全能的上帝变成了全能的立法者，而且也是因为它们的系统结构。"[1] 作为政治构成第一原则的代表，自然不能例外，必然有其神学基

---

[1] 施米特：《政治的神学：主权学说四论》，载施米特：《政治的概念》，刘小枫编，刘宗坤译，上海人民出版社 2003 年版，第 31 页。

础，此即天主教的代表观念。

早在 1918 年发表的《教会的可见性：经院学思考》中，施米特就论述了教会在上帝与信徒之间的中介作用。唯有上帝是离群索居的，但上帝又在世上无处不在，教会的可见性源于"上帝变成了人"，[①] 并具体化为基督的道成肉身，而教会则被视为基督的身体。由此，基督成为上帝与信徒之间的中介，而教会成为基督与信徒之间的中介，这两个过程在逻辑结构上是一致的，教会的本质正在于它的中介性。基于此，施米特阐述了教会可见性的辩证存在："教会的可见性乃基于某种不可见的东西，可见教会的概念本身具有不可见的性质。如同一切实在一样，可见教会在与上帝的关系中失去了现实性，因为上帝才是唯一真正的实在。……教会可以在尘世上，但不能属于尘世。一种使不可见性变得可见的安排必须根植于不可见的事物，同时又在可见的事物中呈现出来。"[②] 教会的可见性与上帝的不可见性通过教会的中介作用而辩证地结合起来，从而使得属灵的世界和尘世不再是二元分立的世界，而是内在统一的世界，教

① 施米特：《教会的可见性：经院学思考》，载施米特：《政治的概念》，刘小枫编，刘宗坤译，上海人民出版社 2003 年版，第 101、106、107、111 页。
② 同上书，第 105—106 页。

会是基督的在世代表。

在《罗马天主教与政治形式》中，施米特关注的重点开始从教会的中介性转向其代表性，[1] 并回应了马克斯·韦伯在《新教伦理与资本主义精神》中提出的挑战。面对新教对天主教会"独身制的官僚机构"和机会主义的政治倾向的批判，施米特认为"教宗不是先知，而是基督的在世代表"。更明确地说，教会"每时每刻都代表着与基督的道成肉身和被钉十字架的历史关联，代表着基督的人身：基督是历史现实中成人身的上帝"。[2] 教会的中介性决定了教会的代表性，并通过代表性展现出来。同时，中介性意味着代表不是单向度的，而是双向的。针对教徒，教会是基督的代表；针对基督，教会是教徒的代表。

天主教会是个对立复合体，其独特之处在于，它是

---

① 乌尔曼认为，在 1917 年写作的《教会的可见性》中的核心概念是"中介"，而 1923 年写作的《罗马天主教与政治形式》中的核心概念是"代表"，从"中介"到"代表"的转变表明施米特思想中的世俗化过程。参见乌尔曼为《罗马天主教与政治形式》英译本所写的"导言"第 xiii 页。Carl Schmitt, *Roman Catholicism and Political Form*, translated and annotated by G. L. Ulmen, Greenwood Press, 1996.

② 施米特：《罗马天主教与政治形式》，载施米特：《政治的神学》，刘小枫编，刘宗坤等译，上海人民出版社 2015 年版，第 69—70、74 页。

一个属灵机构，但又具有建制化的形式特征。天主教会完美地展现了形式的三位一体："艺术的审美形式、法的正义形式和世界历史性的权力形式。"[1] 这里只讨论与本章主题相关的"世界历史性的权力形式"，这也是天主教会备受批评的一个方面。施米特认为，天主教会的突出特征就是教会的政治性，与经济事务绝不相干，这使得天主教伦理与马克斯·韦伯所讲的新教伦理截然有别，也注定了天主教会与建立在经济-技术理性之上的自由资本主义格格不入。"教会需要一种政治形式。离开了政治形式，教会的内在代表行为就失去了与之相应的东西。"也就是说，天主教会天然地预设了与政治国家的共存，预设了教皇的代表性与政治权威的代表性的同构性，"在这个共同体中，两种代表形式面对面地互相合作"[2]，从而使得政治权威成为教皇进而成为上帝在俗世的代表，因为施米特强调，教会可以在尘世中，但教会不属于尘世，属于尘世的是国家和政治权威。就这

---

[1] 施米特：《罗马天主教与政治形式》，载施米特：《政治的神学》，刘小枫编，刘宗坤等译，上海人民出版社 2015 年版，第 77 页。

[2] 同上书，第 80 页。

样，"代表"从一个神学概念世俗化为一种政治概念。①

基于天主教会的代表性和形式性，教会确实几乎可以和任何政治形式相结合，特别是君主制和贵族制，因为这两种制度是代表原则在政治领域最好的展现。但是，当天主教的代表原则与民主制相结合时，就会遇到一些棘手的问题。原因就在于天主教会的代表是一种"自上而下"的代表，而大众民主制下的代表则是一种"自下而上"的代表。上帝只有一个，群众则不计其数，甚至可能是被撕裂的，施米特对代议制问题的焦虑，就在这个问题上。而施米特思考的结果，简而言之，将人民人格化，从而上帝化，实现"人民变成上帝"，从而赋予政治权威的代表位格。同时展开两个方向上的批判：一个是自由主义的议会制民主，因为它破坏了代表原则，进而破坏了人民的同质性，以私人利益上的代理取代了政治意志的人格化代表；一个是布尔什维克和无

---

① 对于世俗政治领域的代表概念与天主教神学上的代表概念，以及近代代议制与中世纪代表制之间的关系，并没有一个被学界普遍接受的论断。正如曼斯菲尔德的研究所表明的，即便我们可以从制度和观念层面发现近代代议制与中世纪代表制之间的诸种关联，但无可否认的是："近代代议制与中世纪代表制是两种不同的生活方式，而不仅仅是两种不同的代表机器；这个区别在近代代议制的现世主义中表现得最明显。"参见曼斯菲尔德：《近代代议制和中世纪代表制》，刘锋译，载刘小枫编：《施米特与政治法学》，上海三联书店2002年版，第364页。

政府-工团主义的专政，因为它们以阶级的同质性取代了民族的同质性，以先锋队取代了代表，同样破坏了同一性-代表这一政治构成结构。但在施米特看来，自由主义的议会制和无产阶级专政有着共通之处，它们都是建立在经济-技术理性之上的，本质上都不具有代表的属性，前者是利益的代理，后者是世界历史发展的先锋队。

四、代表与代理

施米特断言，罗马天主教的"代表原则的特殊性最明显地体现在，它与今日居于主导地位的经济-技术思维针锋相对"[1]。经济-技术理性关注实实在在的东西，蕴含着绝对的事务性，资本家和无产者如同孪生兄弟，他们都被经济-技术理性所支配。"经济与技术的结合（其内在差异仍值得注意）要求事物必须实际地在场"[2]，各种作为观念而存在的东西仅仅是物质的一种投射，因此经济-技术理性必然会弃绝一切代表功能，需

---

① 施米特：《罗马天主教与政治形式》，载施米特：《政治的神学》，刘小枫编，刘宗坤等译，上海人民出版社2015年版，第64页。
② 同上书，第76页。

要的仅仅是一种与代表相对立的代理。而天主教有着独特的理性，关注的是对人的社会生活进行规范指导，不关心对物的统治和利用，外在于生产和消费领域。代表原则建立在权威、伦理、人格等规范性概念上，是一种天主教独有的价值理性的展现。因此，代表与代理的区别，实际上是天主教的价值理性主义与经济-技术理性主义的区别，而后者不但主宰着自由资本主义，也主宰着布尔什维克和无政府-工团主义，这也挑明了施米特的理论斗争对象，即理论上的"敌友之分"。

对于政治领域内的代表原则及其与代理的区别，施米特有如下基本论断：

首先，代表是一种人格化的代表，这不仅意味着代表者和被代表者都是人或可被人格化的主体，更重要的是这意味着所代表的是意志或价值，而非利益，因为不具有人格性的物品是不能代表或被代表的。人格化赋予代表与被代表特殊的尊严。代表者要么是一个人，要么是具有共同意志的一些人，具有独立的人格。作为被代表者的人民或政治共同体，也必须是统一的，因而具有独立而统一的人格，被代表的是人民的政治统一体而非自然存在的民众，因为后者不具有独立且统一的人格。"代表观念的基础是，相对于以某种方式共同生活的人群的具体自然生存而言，一个作为政治统一体而生存的民族具有更高的、被提升了的、更集中的存在。"① 这种存在就是一种人格化的存在，是"人民变成上帝"的存在。因此，代表是一种精神原则，是人格的代表，从而有别于私法领域中的物质利益的代理。在私法领域中，代理者所代理的是委托者的利益而非人格。

其次，代表是个公法概念，或者用德国特有的观念来说，是个国家法概念，只能发生在公共领域之中。"公共性和人格性使政治生活有了自己的品质，代表的价值正是由此而产生出来的。"② 而代理是某个私人主体就其私人事务而委托的代办人，不具有公共性，因而不能将私法上的观念和概念移入到公法中，也不能混淆两者。从国家与社会二分的角度看，代表属于国家领域，代理属于社会领域，两者本来是分化的，而议会制的危机就源于社会领域对国家领域的侵入，政党成为选民的利益代理人，用私法中的利益代理取代了公法中的意志代表，从而使得议会被经济利益所控制，成为分赃的场所。

最后，代表具有独立性，特别是独立于被代表者，代表是全体人民的代表，不是某个选区或选民的代表。代表具有独立的意志，此意志即全体人民的意志，因此

---

① 施米特：《宪法学说》，刘锋译，上海人民出版社 2005 年版，第224 页。
② 同上书，第230 页。

代表不受选民意志的决定。而代理者基于被代理者的委托，依据被代理者的意志行事，代理者不具有独立的意志。代理者所代理的是其委托人的利益，不是全体人民的利益，更不是全体人民的意志。

基于此，施米特认为："把议会制等同于代表制度，是典型19世纪的混淆。代表的概念包含着人们至今仍未充分理解的更为深层的问题。……代表本质上属于公共领域（与代理、委托、委派等等最初属于民法的性质相反），它赋予代表和被代表的人以及需要委派代表的人以人身尊严（与利益或生意的代表相反）。"[1] 自由资本主义的议会制度如果能够坚持辩论和公开性，就是符合代表原则的，议员是全体人民的代表，拥有不受选民支配的独立权威，议员不接受指导和命令，而只对自己的良心负责。但这样的代表观念在政党政治的挤压下，逐步被经济-技术理性思维下的代理观念所取代，自由资本主义的各种利益团体各自寻找议会中的利益代理人，而布尔什维克的苏维埃体制，一开始就不承认代表原则，"强调议会代表只是使者和代办，是生产者的代表，

---

[1] 施米特：《当今议会制的思想史状况》，冯克利译，载施米特：《政治的浪漫派》，刘小枫编，上海人民出版社2004年版，第186页。

拥有强制委托权，可以随时被召回，是生产过程的行政公仆"①。无论自由资本主义的相对主义的经济-技术理性，还是苏维埃体制的绝对主义的经济-技术理性，都与施米特所理解的人格化的代表原则格格不入。

五、代表与专政

在施米特看来，专政的决定性反题不是民主，而是议会制或者说自由主义，专政自然与自由截然对立，但与民主却可以相互结合。因此，虽说议会制危机的根源是大众民主的发展，但最主要的表现却是来自专政的威胁，也就是建立在大众民主之上的诸种专政。无论是从议会制的自由主义思想基础来看，还是从议会制对君主制、贵族制和民主制要素的综合利用来看，议会制都不能容忍任何意义上的专政。议会制的思想基础是辩论和公开性，专政却意味着不容争辩：一种是理性主义的不容争辩，其"可能性总以一种历史哲学的形式，作为一种政治理念而继续存活着；其支持者是激进马克思主义的社会主义，其最终的形而上学证明建立在黑格尔的历

---

① 施米特：《罗马天主教与政治形式》，载施米特：《政治的神学》，刘小枫编，刘宗坤等译，上海人民出版社2015年版，第81页。

史逻辑的基础上"。一种是直接诉诸暴力的非理性主义的专政，"针对商业主义的平衡形象，出现了另一种形象，即一场血腥、明确、歼灭性决战的斗士形象。这一形象在 1848 年从两个方面攻击议会制宪政，一方是保守主义意义上的传统秩序，其代表是西班牙天主教徒柯特，另一方是普鲁东的激进无政府-工团主义"。①

自启蒙运动时起，自然科学的理性主义一直主宰人们的头脑，对政治问题的科学思考一拨又一拨，马克思主义的科学社会主义只是这类思考中的一个极端例子。科学社会主义吸收了黑格尔的历史辩证法，自称发现了人类社会发展规律中的"铁的必然性"，从而可以对社会的发展进行控制，专政是人类社会螺旋上升发展过程中的阶段性的必要手段，用以清除发展道路上的陈腐垃圾。科学社会主义举起教育专政大旗，通过系统性改造人的思想，强迫其进入自由状态。专政需要的不是代表，而是先知先觉的先锋队："世界精神在其发展的所有阶段，只在少数头脑中展现自身。……总是有一支世界精神的先头部队、一个发展和自觉的顶端、一个先锋队，它有采取行动的法权，因为它拥有正确的知识和意识，它不是一个身位的上

① 施米特：《当今议会制的思想史状况》，冯克利译，载施米特：《政治的浪漫派》，刘小枫编，上海人民出版社 2004 年版，第 202、214 页。

帝的拣选人，而是发展中的一个要素。这个先锋队丝毫不会逃避世界历史发展的内在性，而是充当——用一句粗俗的比喻说——即将来临的事变的接生婆。"① 代表是自下而上的选举产生的，而先锋队是历史性的存在，先锋队类似先知，是历史的选择。先锋队与人民之间是领导与被领导而非代表与被代表的关系。

科学社会主义将无产阶级与资产阶级之间的斗争绝对化，以阶级作为敌友划分的标准，视阶级斗争为人类历史上最后的斗争，从而以阶级的概念取代民族的概念。作为人民同质性的基础，政治意识被等同于无产阶级的阶级意识，以消灭对手的方式取代与对手的辩论，其结果是将政治共同体（人民）彻底撕裂。

如果说无产阶级专政只是以先锋队取代代表，以阶级的同一性取代了民族的同一性，那么直接诉诸暴力的非理性专政，则彻底否定代表和同一性问题。无政府-工团主义反对一切类型的整齐划一，反对一切类型的国家建制，在索雷尔看来，"无产阶级专政的概念是公认的旧制度的遗产。结论是必然用建立一个新的官僚和军事机构来取代原有的机构，就像雅各宾党人已经做过的

① 施米特：《当今议会制的思想史状况》，冯克利译，载施米特：《政治的浪漫派》，刘小枫编，上海人民出版社2004年版，第206页。

那样。这也许会是一种知识分子和意识形态学家的新政权，但是没有无产阶级的自由"。无政府-工团主义所诉诸的是种种非理性的神话，特别是无产阶级的神话，即总罢工，来实现人类的彻底解放，而"辩论、讨价还价和议会程序，是对神话和将改变一切的巨大热情的背叛"。因此，无政府-工团主义反对一切形式的理性主义，无论是无产阶级专政的绝对理性主义，还是议会制的相对理性主义。但是在种种非理性的神话里，人类不但未获得彻底解放，反而陷入更为残酷的专政之中。在施米特看来，"索雷尔和普鲁东一样，痛恨一切理智主义、一切极权主义、一切统一性，然而，索雷尔也跟普鲁东一样，要求最严格的纪律和道德"。① 就像索雷尔对

---

① 施米特：《当今议会制的思想史状况》，冯克利译，载施米特：《政治的浪漫派》，刘小枫编，上海人民出版社 2004 年版，第 217、214、216 页。在《论暴力》中，索雷尔总结了总罢工的思想力量："它涵盖了全部的社会主义神话，也就是说，它是一些想象——能激起符合社会主义反对现代社会的各种战争形势的感情——的整体。各种罢工已经激发出了无产阶级身上最高贵、最深刻和最动人的情感；总罢工以一幅浑然一体的画面把它们糅合在一起，并且通过汇聚它们，使得每个人都体验到最大的紧张；通过唤起他们对独特冲突的痛苦回忆，总罢工给呈现意识面前的细节打上了紧张生活的色彩。这样，我们就能获得语言无法以极端清晰的方式赋予我们的那种社会主义直觉——我们能在短暂的瞬间，从整体上把握到它。"参见乔治·索雷尔：《论暴力》，乐启良译，上海人民出版社 2005 年版，第 100 页。

无产阶级专政的批判一样，无政府-工团主义要么陷入万劫不复的大混乱之中，要么陷入更为极端的意识形态学家的新专政之中。

施米特提到索雷尔晚年对列宁及其领导的苏俄革命的敬意，在施米特看来，这实际上等于间接承认民族神话的力量远远大于阶级神话的力量。从既往的历史来看，这两种神话虽然可能相互合作，但只要发生冲突，总是民族的神话获得最终胜利，这在墨索里尼所领导的意大利表现得更为明显。施米特在这里已经表现出对法西斯主义的暧昧态度，一方面他对意大利法西斯主义通过诉诸民族的神话来实现政治统一体的同质性"心有戚戚焉"，法西斯国家最接近他所期待的那种作为更高的第三者的国家形象；① 另一方面他又对德国纳粹党通过合法竞选进入议会深怀戒备之心，因为他已经预见到，一旦纳粹党掌握了议会，便会破坏《魏玛宪法》确立的共和政体，而彼时彼刻，施米特仍寄希望于在《魏玛宪法》确立的政治结构

---

① 另外两种国家形象是：国家作为不偏不倚的中立的第三者（自由资本主义国家，某种程度上当时的魏玛德国即如此），国家作为阶级斗争和统治的工具（布尔什维克的苏俄）。参见施米特：《法西斯主义国家的本质和形成》，载《论断与概念》，朱雁冰译，上海人民出版社2006年版，第105页。

内，以牺牲议会制来确立总统制的方式挽救魏玛的政治危机。

六、 从委任独裁到主权独裁

对于施米特来说，拯救德国政治危机，出路就在于拯救同一性和代表的辩证统一。建立在自由资本主义的经济-技术理性主义基础之上的大众民主的发展，既破坏了同一性，又破坏了代表。就其对同一性的破坏而言，要么是个人原子化的存在，人民分化为各种利益集团，从而丧失整体性，同质性便无从谈起；要么是以阶级的同质性来取代民族的同质性，以阶级的对立和斗争取代民族的公意。就其对代表原则的破坏而言，要么以私法中的代理取代政治领域中的代表，将议会变成利益妥协与分赃的场所；要么就是以理性的和非理性的专政直接取代代表，诉诸先锋队的领导或各种政治神话。如果前面有关同一性内在于代表之中的论断成立的话，如果说代表是政治构成的第一原则的话，那么拯救德国政治危机或议会制危机的核心问题就是确立代议制的另一个选项，即总统制，并借此重构代议制的思想基础。

施米特曾言："我的残酷命运和疑虑降于一基础未

固之国家，我必须挺身而战。"① 事实的确如此，施米特在多条战线上同时作战：西线是来自西欧北美的自由主义的议会制，东线是布尔什维克的无产阶级专政，同时还要应对弥漫整个欧洲的无政府-工团主义，并对法西斯主义保持足够的警惕。施米特开出的药方是以民族的同质性来重建政治共同体的同质性和同一性，以天主教的代表观念来重塑政治统一体中的代表，从而实现同一性与代表的辩证统一，也就是确立谁应该且能够代表德国人民。直到 1926 年施米特写作《当今议会制的思想史状况》这本小册子时，他仍然希望在《魏玛宪法》的框架内来解决德国的政治危机，寄希望于总统动用《魏玛宪法》第 48 条的紧急状态条款，在官僚和军队的辅佐之下，实行"委任独裁"。② "施米特那时把国民议会

① 施米特：《宪法的守护者》，李君韬、苏慧婕译，商务印书馆 2008 年版，"前言"，第 2 页。

② 施米特 1921 年在《论独裁》中曾区分出"委任独裁"和"主权独裁"。委任独裁发生在秩序受到威胁时，根据法律或最高权威者的任命，独裁者暂时获得处置危机的专断权力，甚至可以暂时中止部分法律的实施，但不能彻底废除法律，待危机过后，委任独裁者就要交出独裁权力。罗马共和时期的独裁官就是典型的委任独裁，《魏玛宪法》第 48 条下的总统权力，也是一种委任独裁。而主权独裁与委任独裁的区别在于，主权独裁越过现有的法律秩序，直接诉诸人民的制宪权，也就是生存之法，而且没有一个时间上的限制。委任独裁是为了恢复原有的秩序，而主权独裁是为了开创出新的秩序。更详细的论述，参见施瓦布：《例外的挑战》，李培建译，上海人民出版社 2011 年版，第 43—55 页。

看作魏玛最危险的因素；只有总统带来些许挫败'违宪'政党的希望。数年后，施米特把1929—1932年间所写的著作视为有效阻止纳粹的'警告和吁求'。"[1] 根据《魏玛宪法》第48条的规定："联邦大总统于德意志联邦内之公共安宁及秩序，视为有被扰乱或危害时，为恢复公共安宁及秩序起见，得取必要之处置，必要时更得使用兵力，以求达此目的。"[2] 但兴登堡总统迟迟不肯动用第48条的授权，一再拖延最后的决断，直到1933年纳粹党经过合法选举掌控议会，旋即通过《授权法》，赋予总统及行政机构包括立法权在内的无限权力，变相废除了《魏玛宪法》，总统也就从第48条下的"委任独裁"变为《授权法》下的"主权独裁"。在既有的希望破灭之后，施米特于1933年5月1日加入纳粹党，完成了从为"委任独裁"辩护到为"主权独裁"辩护的身份转换。

在施米特加入纳粹党前夕，他出版了《宪法的守护者》，认为"帝国总统作为宪法的守护者"是《魏玛宪

---

① 肯尼迪：《施米特的〈议会制状况〉的历史语境》，魏朝勇译，载刘小枫编：《施米特与政治的现代性》，华东师范大学出版社2007年版，第218页。

② 参见《魏玛宪法》第48条，载施米特：《宪法学说》，刘锋译，上海人民出版社2005年版，第420页。

法》的内在要求，而且也符合《魏玛宪法》的民主原则。"宪法特别试着让帝国总统之权威有机会能直接与德国人民之政治总意结合，并借此以宪法统一体之守护者、捍卫者及全体德国人的身份而行动。而当前德国的存在及存续，即是以此种尝试之成功为基础。"[1] 在这个意义上，总统通过直接诉诸民意，超越了议会中的党派之争，成为人民的真正代表。在 1934 年发表的《领袖守护法律》一文中，施米特将这个论断推向了极致，《魏玛宪法》框架下为恢复秩序而临时性大权独揽的总统，变成了越过《魏玛宪法》重新开创新秩序的领袖。施米特将领袖视为法官，而且是真正的和最后的法官，在危急关头，领袖可以凭借作为最高法官的地位，通过诉诸民意，直接创制新的法律。"领袖的行为是真正的司法。它并不隶属于司法当局，本身便是最高的司法当局。这并非一个共和制独裁者的行为，这类独裁者是在一个法律空虚的空间，当法律暂时紧闭双眼的时候造成既成事实，以便随后在如此创造的新事实的地盘之上使毫无缺漏的合法性的假想能够重新得到传播。领袖的法官地位来自每个民族的一切法所由产生的同一个法

---

[1] 施米特：《宪法的守护者》，李君韬、苏慧婕译，商务印书馆 2008 年版，第 216 页。

源。……一切法都来自人民的生存法。"① 生存意味着非规范性，此时领袖直接诉诸了人民的制宪权，领袖的正当性直接来源于人民的生存之法，并且作为"人民的最高法官"，领袖有权判断何为生存之法，这是领袖成为最高的和最终的法官的原因。亦如教皇是基督的在世代表一样，领袖是那个拟制的、作为政治统一体的人民的具体化身，是政治统一体的真正代表，人民的同质性和同一性内在于领袖身上，领袖永无谬误，亦如教皇永无谬误，施米特在这里找到了同一性与代表的辩证统一。

托马在 1925 年曾对施米特的《当今议会制的思想史状况》做了彻底的批判，最后总结如下："民族的专政者与天主教会的结盟，能够成为正确的解决方案，使秩序、纪律和等级制得到明确的恢复。"② 在托马看来，施米特对议会制的批判，实际上是为专政的出场谱写的序曲。施米特在 1926 年为该小册子的再版所写的"引论"中，对托马的这个评价的回应耐人寻味："托马在

---

① 施米特：《领袖守护法律》，载《论断与概念》，朱雁冰译，上海人民出版社 2006 年版，第 202 页。此处所谓"共和制独裁者"实际上指的就是委任独裁者，也即《魏玛宪法》框架下动用紧急状态条款的总统，而施米特此处为领袖所做的辩护，是主权独裁意义上的辩护，因此他说"这并非一个共和制独裁者的行为"。
② 理查·托马：《论议会制的意识形态》，载施米特：《政治的浪漫派》，刘小枫编，上海人民出版社 2004 年版，第 224 页。

其评论的结尾处，把极为奇怪的政治目的归因于我，对此我可以沉默。"① 施米特在"引论"中详尽地反驳了托马的其他批评，然而却选择对这个最终的评价保持沉默，我们自然无法知晓施米特当时选择沉默的原因，但后来所发生的一切，印证了托马的"民族的专政者"的提法，差错仅仅在于，施米特虽然将代表原则的思想基础追溯到天主教神学，但他并未主张政教合一，在施米特看来，世俗化的进程是不可逆转的，他所在意的是神学上的代表和他所为之辩护的总统制在概念结构上的相似性，而非天主教会本身。事实上，"施米特1929年后对天主教的崇拜有所减弱，因为他发现，神学非但不能为政治理论奠定坚实基础，反倒比其他学科导致了更多喋喋不休的争论。第二次世界大战后，施米特对天主教基本上失去了信心，因为他反对教会介入一些与之无关的事务，同时也对16、17世纪神学家所挑起的宗教战争进行了批判的反思"②。

在施米特看来，德国议会制危机的根源在于，议会制赖以建立的自由主义基础无法抵挡大众民主带来的冲

---

① 施米特：《当今议会制的思想史状况》，冯克利译，载施米特：《政治的浪漫派》，刘小枫编，上海人民出版社2004年版，第159页。
② 参见刘锋：《政治与神学的平行性》，载刘小枫编：《施米特与政治法学》，上海三联书店2002年版，第366页。

击，自由资本主义国家中立第三者的形象以及议会制下永无休止的辩论，使得建立在大众民主之上的极左和极右政党正试图通过合法的选举进入议会，掌控国家权力，毁灭《魏玛宪法》的共和体制。在此危机时刻，施米特坚决捍卫《魏玛宪法》和共和体制，但又鼓吹通过扩大解释《魏玛宪法》第48条，牺牲掉议会体制，在魏玛体制内开出总统制。而他为总统制提供的思想基础，便是源于天主教神学传统的代表观念，这种代表观念与民主的同一性相结合，以超然更高的第三者的极端形象和专政，对抗来自极左和极右的专政。无奈这种思想上的努力，敌不过现实政治的残酷，施米特的方案并不被兴登堡所接受，以毒攻毒的方法最终以失败告终。就在施米特试图抓住纳粹党这根最后的救命稻草时，就在他试图成为纳粹党的精神导师时，他不但不被纳粹党所接受，反而受到党卫军和"黑衣军团"的无情抨击，被纳粹党抛弃。施米特为《魏玛宪法》而战，最终与《魏玛宪法》一样含恨隐去！

第八章

法律的认同之维： 哈贝马斯
论宪法爱国主义

一、宪法爱国主义的源起

宪法爱国主义起源于战后德国，对于战后的西德人来说，面对魏玛共和国的失败、大屠杀的现实、德国的分裂以及被强加的宪法，西德人的集体认同受到了最为严重的挑战。民族主义已然成为过街老鼠，但作为半个民族存在的西德人却仍要整合在一起，什么是西德人集体认同的恰当对象呢？是分裂的德意志民族、不光彩的历史，还是被强制建立的立宪民主国家？宪法爱国主义就是在这种焦虑中诞生的。①

---

① 关于这段历史背景，可参见扬-维尔纳·米勒：《另一个国度：德国知识分子、两德统一及民族认同》，马俊、谢青译，新星出版社2008年版；C. S. Maier, *The Unmasterable Past: History, Holocaust and German National Identity*, Harvard University Press, 1997。

米勒认为，宪法爱国主义观念的最深层次的渊源可以追溯到战后时期的雅斯贝尔斯，在思考德国人的罪的问题以及德国人的集体责任问题时，雅斯贝尔斯提出了两个重要命题：第一，战后德国必须以一种自由、民主的政治认同取代之前的民族主义，"否认对于德国人来说，自由的政治认同和民族国家框架能够相融"①；第二，自由、民主的政治认同只有通过面对过去不光彩的历史才能获取，"只有德国人肩负起集体责任，民主的政治认同和恰当的社会整合才能实现"②，而只有通过"自由的公共交流"或他所谓的"为善而战的团结"③才能解决德国人的罪的问题。这些想法被后来试图在历史记忆与民主政治文化之间建立更紧密联系的德国知识分子所袭取，尤其是斯登贝格和哈贝马斯。

由于魏玛共和国的失败，战后的德国知识分子必须面对施米特的问题："谁来保卫宪法？"谁来保卫战后建

---

① Jan-Werner Müller, *Constitutional Patriotism*, Princeton University Press, 2007, p. 17.

② Jan-Werner Müller, *Constitutional Patriotism*, Princeton University Press, 2007, p. 16.

③ Jan-Werner Müller, *Constitutional Patriotism*, Princeton University Press, 2007, p. 17.

立起来的立宪民主国家?[①] 从 1959 年开始，雅斯贝尔斯的学生斯登贝格就开始思考"立宪国家中的爱国主义情感"问题，并在 60 年代早期提出"国家之友"这个观念，称其为一种"激情的理性"，要求公民认同立宪民主国家，特别是要对抗潜在的和真实的破坏立宪民主制度的敌人。[②] 在 1979 年德国基本法实施 30 周年之际，斯登贝格发表《宪法爱国主义》一文，认为虽然基本法制定之初，德国人勉强接受这部被强加的宪法，但"自那以来，一种对于这部基本法的所施恩惠的明确意识逐渐盖过了民族感情"，经过 30 年的宪法实践：

> 一种新的、独特的爱国主义已经被不知不觉地培育出来，这种爱国主义恰好是建立在宪法自身基础之上的。民族感情依然受到伤害，因为我们生活的地方并非完整的德国。但是我们却生活在一个完

---

① 施米特写作《宪法的守护者》时，正是《魏玛宪法》摇摇欲坠之时，谁以及如何来守护已经制定的自由民主宪法是施米特必须面对的问题。战后的德国知识分子面对着类似的问题，即谁以及如何守护虽然是被强加但体现了自由民主精神的德国基本法，如何使得自由民主宪法真正在德国生根发芽，而不至于重蹈《魏玛宪法》的覆辙。因此，施米特的问题仍是战后德国知识分子需要解决的棘手问题。

② Jan-Werner Müller, *Constitutional Patriotism*, Princeton University Press, 2007, p. 21.

整的宪法之中，生活在一个完整的宪政国家之中，并且这甚至就是祖国的一种（表现）方式。……人们必须理解的只是，没有了国家也就没有了自由。而且脱离了国家也就没有了人权，因为国家将人权转变成了公民权（Bürgerrechte）。……我们根本不该羞于使用"国家"这个词汇。[1]

斯登贝格接下来进一步为自由民主的政体辩护，并以下面这句话结束他这篇短小精悍的文章："面对明确的敌人，宪法必须得到捍卫，这是爱国主义的义务。"由此我们可以看到宪法爱国主义的"原旨"：爱国就是要保卫自由民主的宪法，保卫宪法所建立的自由民主的政体。这就不难理解斯登贝格为什么将宪法爱国主义与武力民主（militant democracy）联系在一起了，既然民主无法以民主的方式保卫自己，那么以非民主的方式捍卫民主制度就获得了正当性，宪法爱国主义就是要与自由民主制度的潜在的和真实的、内在的和外在的敌人斗争。这也难怪米勒将斯登贝格的宪法爱国主义称为"保护性的宪法爱国主义"，保护战后德国已经取得的自由

---

[1] 冯·多尔夫·斯登贝格：《宪法爱国主义》，陈克勋、赖骏楠译，载高鸿钧主编：《清华法治论衡》第 12 辑，清华大学出版社 2010 年版，第 493 页。

民主成果。① 回到前面提的施米特的问题，斯登贝格实际将公民看作是宪法的真正守护者，将宪法爱国主义看作是守护宪法的思想武器。

按照米勒的看法，斯登贝格的"宪法爱国主义"在理论上诉诸了亚里士多德以降的共和主义传统，是向传统的共和爱国主义的回归。② "斯登贝格认为，至少到十八世纪末，所有形式的爱国主义都是宪法爱国主义——对法律和共同自由的热爱。换句话说，宪法爱国主义被认为是对前民族主义的爱国主义的一种回归。"③ 联系到前面所讲的雅斯贝尔斯提出的问题，我们可以说宪法爱国主义是对民族主义的一种取代，以对自由民主制度的忠诚取代对民族历史文化的忠诚，但这个过程中强调的依然是对国家的忠诚，一种"归属于国家的意识"，一

---

① Jan-Werner Müller, *Constitutional Patriotism*, Princeton University Press, 2007, p. 41.

② 共和爱国主义发轫于古希腊的城邦共和国，经罗马共和国而延续到中世纪地中海沿岸诸如佛罗伦萨这样的城邦共和国，其核心精神是：爱国就是热爱自由和共同之善，热爱体现了自由和共同之善的法律。到了中世纪后期，随着君主专制国家的兴起，爱国主义的含义也蜕变为对君主以及君主国的热爱和忠诚，待民族主义兴起之后，爱国主义进一步蜕变为民族主义话语，自由、共同之善和法律这些共和精神从爱国主义中被彻底清除。

③ Jan-Werner Müller, *Constitutional Patriotism*, Princeton University Press, 2007, pp. 21 – 22.

种公民与国家的垂直方向的关系。只不过这里的国家不再仅仅是从民族主义出发理解的民族国家，而主要是公民共和主义传统中的立宪民主国家，但无论如何，国家依然是宪法爱国主义思考的核心，变换的只是国家的内涵。

二、哈贝马斯论宪法爱国主义

不过到了哈贝马斯那里，国家概念逐渐被宪法观念取代，宪法爱国主义的核心开始从"民族的具体的整体性"（国家）转移到"抽象的程序和原则"。① 开始出现"有宪法，无国家"这种吊诡的论述。在所谓的"历史学家之争"中，哈贝马斯认为，一些保守主义的历史学家试图"规范化"德国认同，重新回到民族骄傲的传统形式上，为此他重新阐释斯登贝格的宪法爱国主义，力图建立一种后民族的集体认同。哈贝马斯认为，在民族认同中存在着一个紧张关系，即"民主和立宪国家的普遍主义的价值指向和一个民族据以将自身与外在于它的

---

① J. Habermas, *The New Conservatism: Cultural Criticism and the Historian's Debate*, MIT Press, 1989, p. 261.

其他民族区分开来的特殊性"之间的紧张。① 在古典的民族国家中，这种普遍主义的价值指向与民族的特殊性之间或多或少可以维持平衡；而希特勒和墨索里尼"毁坏了这种不稳定的平衡，完全将民族的自我主义从它与民主立宪国家的普遍主义源泉的联系中释放出来"②。斯登贝格的宪法爱国主义无非是想恢复这种平衡，或者说着重强调普遍主义价值指向这一方面，但本质上仍然是一种民族认同，仍未能脱离民族认同的框架。而哈贝马斯要为之辩护的是一种后民族的集体认同，这种"与立宪国家相联系的后民族认同可以在超越联邦德国的更一般化的趋向的框架内得到发展和稳定"③。请注意这个表述中隐含的重要信息，一方面哈贝马斯仍然强调后民族认同与立宪国家的联系，另一方面，他又说这种认同可以在"超越联邦德国的更一般化的趋向的框架内得到发展和稳定"，哈贝马斯这篇 1987 年的演讲既是对当时德国历史学家有关历史的公用的争论的回应，又为日后他论述欧洲宪法爱国主义埋下了伏笔，这也是后面将谈到

① J. Habermas, *The New Conservatism: Cultural Criticism and the Historian's Debate*, MIT Press, 1989, p. 254.

② J. Habermas, *The New Conservatism: Cultural Criticism and the Historian's Debate*, MIT Press, 1989, p. 255.

③ J. Habermas, *The New Conservatism: Cultural Criticism and the Historian's Debate*, MIT Press, 1989, p. 257.

的宪法爱国主义潜在的主题变换的转折点。

在哈贝马斯所谓的后民族认同中，个体认同获得了核心位置，而集体认同只是个体认同的一种补充，且集体认同本身只是个体认同的"重叠"。从这个意义上讲，后民族认同是"去中心化"的平面的认同，"相互重叠的集体认同不再需要一个核心点，围绕着这个核心点，它们可以被组织和整合进一个民族认同。相反，民主和人权的普遍主义化的抽象观念构成了坚硬的本体，民族传统之光——一个民族的语言、文学和历史——通过这个本体被折射"①。而这种后民族的认同的形成有赖于公民社会的发育和公共领域的自由商谈。开放的、持续进行的公共商谈过程本身既是对民族传统的"净化"，又是新的认同的形成机制。在论述作为一种后民族认同的欧洲认同如何形成时，哈贝马斯认为："一种真正的认同形式要想超越民族界限，就必须满足下述实际条件：第一，必须有一个欧洲公民社会；第二，建立欧洲范围内的政治公共领域；第三，创造一种所有欧盟公民都能参与的政治文化。"② "下一轮迈向后民族社会的一体化

---

① J. Habermas, *The New Conservatism：Cultural Criticism and the Historian's Debate*, MIT Press, 1989, p. 262.

② 于尔根·哈贝马斯：《后民族结构》，曹卫东译，上海人民出版社2002年版，第157—158页。

浪潮能否取得成功，关键不在于某个欧洲民族的实质，而在于建立起欧洲政治公共领域的交往网络。"①

哈贝马斯在历史学家之争中对作为后民族认同的宪法爱国主义的论述还提及"与立宪国家相联系"，米勒也注意到，哈贝马斯在论述宪法爱国主义时，"有时也强调这些民主制度"。② 但到了论述欧洲宪法爱国主义时，哈贝马斯则完全抛弃了国家的概念，特别是民族国家的概念，他更强调一种超越民族国家边界的公共领域和公民社会，一种后民族格局。虽然笔者认为，所谓的后民族格局，本质上依然是民族格局，只不过是以欧洲民族取代德意志民族而已；所谓的后民族国家，本质上依然是民族国家，只不过是民族国家模式的放大，以便包容不同的族群。③ 总之，在哈贝马斯的宪法爱国主义中，传统的民族国家彻底淡出了。

无论是德国宪法爱国主义还是欧洲宪法爱国主义，民族主义都是他们现实的或假想的敌人，所有的宪法爱

① 于尔根·哈贝马斯：《包容他者》，曹卫东译，上海人民出版社2002年版，第176页。

② Jan-Werner Müller, *Constitutional Patriotism*, Princeton University Press, 2007, p. 34.

③ 参见翟志勇：《哈贝马斯论全球化时代的国家建构——以后民族民主和宪法爱国主义作为考察重点》，《环球法律评论》2008年第2期，第51—58页。

国主义论述，核心的问题都是如何形成超越民族主义的国家认同的新的集体认同形式，斯登贝格向后看，诉诸了传统的共和爱国主义，而哈贝马斯向前看，建构一种后民族的"理性的集体认同"。因此，与斯登贝格的"保护性宪法爱国主义"相对应，我们不妨将哈贝马斯的宪法爱国主义称为"建构性宪法爱国主义"，一种在多元文化与族群关系上建构立宪民主政体的政治动员。

　　"建构性宪法爱国主义"的首要问题是，在多元文化与族群社会，宪法爱国主义与族群文化认同的关系。哈贝马斯认为："由于历史原因，在许多国家都出现了主流文化与政治文化的合流。政治文化要求得到来自不同文化背景的所有公民的承认。如果在一个政治共同体中，由不同的文化、民族、宗教信仰所带来的生活方式能够共生并存，这种合流就必须予以消除。共同的政治文化必须同亚文化及其前政治认同分离开来。"① 也就是说，宪法爱国主义是高一层次的政治认同，超越于族群文化认同，在诸族群文化之间必须保持中立。宪法爱国主义不能与任何族群文化合流，否则可能会造成对其他族群文化的排挤与压制。但是，政治文化也不是凭空产

---

① 于尔根·哈贝马斯：《包容他者》，曹卫东译，上海人民出版社2002年版，第138页。

生的，而且它必然存在于具有特殊文化认同的个体的意识与行为中，因此哈贝马斯又不得不承认，"宪法爱国主义与这些原则的联结必须被与这些原则相一致的文化传统的遗产所滋养"①。"对于这些同样蕴含在其他共和宪法中的宪法原则，如人民主权与人权，每一种民族文化将依据自己的民族历史发展出不同的阐释。建立在这些阐释之上的'宪法爱国主义'可以取代原来民族主义占据的位置。"② 从这个意义上讲，前面所说的政治文化的中立性仅指政治文化不能倒向任何一种族群文化，但并不意味着政治文化没有民族文化属性。这里面有个重要的细节需要注意，即族群文化与民族文化的区别，宪法爱国主义不能建立在任何族群文化上，但需要建立在多元族群文化所共同构成的民族文化上，"各自的传统必须从一个借别人的视角而相对化了的角度而加以掌握利用，从而使之能够置入一个超民族地分享的西欧立宪文化之中"③。由此我们就不难理解为什么哈贝马斯不厌其烦地强调公共领域与公共商谈了，正是通过公共领域

---

① J. Habermas, *The New Conservatism: Cultural Criticism and the Historian's Debate*, MIT Press, 1989, p. 262.

② J. Habermas, *The Inclusion of the Other*, MIT Press, 1998, p. 118.

③ 于尔根·哈贝马斯：《在事实与规范之间——关于法律和民主法治国的商谈理论》，童世骏译，生活·读书·新知三联书店2003年版，第664页。

与公共商谈，不同的族群文化在对宪法原则的阐释中形成了"重叠共识"，这是宪法爱国主义得以建立的公分母。

在宪法爱国主义中，族群文化权利不但没有被压制，反而得到了提升。如果宪法爱国主义能够起到社会整合的功能的话，就必须将公民的文化权利和社会权利提升到与政治权利同等重要的地位，"公民必须能够在社会保障形式和不同文化生活形式的相互承认中感受到他们权利的公平的价值"①。在多元文化与族群社会，对抽象的宪法程序与原则的认同，最终要建立在对具体的族群文化权利的保障与实现上。在这个过程中，开放的政治公共领域为诸族群文化的表达提供了公共空间，而建制化的立法程序和宪法诉讼程序为族群文化权利的实现提供了正式的制度性的管道。

宪法爱国主义需要建立在民族文化对宪法原则的阐释之上这个命题同时也宣告宪法爱国主义并非世界大同主义，它有自身的限度，这实际涉及"建构性宪法爱国主义"的第二个问题，即宪法爱国主义与民族国家的主权及框架的关系。哈贝马斯所谓的"后民族格局"，所

① J. Habermas, *The Inclusion of the Other*, MIT Press, 1998, pp. 118 - 119.

谓的"超越民族国家",矛头均指向了民族国家的主权与框架，不过哈贝马斯对民族国家的理解建立在"一个民族，一个国家"这种古典观念上，较之亚非等其他地方的民族国家，他所要超越的欧洲民族国家确实更接近这种古典状态，以至于在哈贝马斯看来，中国并非民族国家，而是"最后一个古老帝国"①。不过哈贝马斯对民族国家的超越并非要建立世界政府和世界大同，而是要建立一个多民族国家，一个建立在多元文化与族群关系之上的"欧洲联邦共和国"。哈贝马斯认为："迄今为止世界历史只给兴起而又衰落的帝国以一次登场机会。这既适合于古代世界的帝国，也适合于现代国家——葡萄牙、西班牙、英格兰、法国和俄国。作为例外，欧洲现在作为一个整体遇到了第二次机会。"原来哈贝马斯所谓的后民族国家或超越民族国家竟然是要建立新的"帝国"，当然他紧接着强调，"这次机会的运用，大概不可能是以欧洲过去的实力政治的方式，而只能在改变了的前提下运用：对其他文化的非帝国主义式的理解

---

① 于尔根·哈贝马斯：《包容他者》，曹卫东译，上海人民出版社2002年版，第126页。

和学习"①。这种对哈贝马斯来说的所谓"后民族"的新事物，对中国来说是几千年来的老传统，所以当哈贝马斯说"我们现在正在见证最后一个古老帝国中国的根本性转型"时，我们可以一厢情愿地认为，这或许是哈贝马斯对建构中国宪法爱国主义的期许。

因此，所谓的"超越"，并非"废弃"，而是"转型"，民族国家的主权和框架仍会被保留，差别仅在于对民族国家的新的阐释，一种建立在多元文化与族群之上的阐释。从这个意义上讲，宪法爱国主义不但不是没有国家的爱国主义，而且本质上必然是一种"建国"理论，建立和建设一个多元文化与族群的国家的理论，一种"统一的多族群国家"的政治理论。不过这个命题要能够成立，还需要讨论一下米勒从自由主义立场出发论证的一般性宪法爱国主义理论，米勒是这种"有宪法，无国家"的宪法爱国主义的最系统的阐释者。

---

① 于尔根·哈贝马斯：《在事实与规范之间——关于法律和民主法治国的商谈理论》，童世骏译，生活·读书·新知三联书店 2003 年版，第 672 页。

三、 没有国家的爱国主义?

米勒认为:"宪法爱国主义……表明的是这种观点,即政治忠诚应该集中在规范、价值上,说得更间接一些,集中在自由民主宪法的程序上。"① 虽然他在几处提到"政治联合体""政治结构"或"立宪政体",但他始终未正面使用国家这个概念。米勒一再强调,宪法爱国主义的对象不是具体的宪法,也就是说不是具体的国家,而是宪法观念,这一点和哈贝马斯一脉相承。例如,米歇尔曼说,对于哈贝马斯的宪法爱国主义,"我既未发现他是想用它来表示对任何具体宪法内容……的忠诚,也没有发现他想用它来表示某种根据该国具体的宪法抉择而对这个国家表示忠诚的意思"②。为什么是宪法观念而不是具体的宪法或国家呢? 什么是宪法观念呢? 米勒认为,作为宪法爱国主义忠诚对象的宪法观念是这样一种观念:"个体彼此视为自由且平等的,并寻

---

① Jan-Werner Müller, *Constitutional Patriotism*, Princeton University Press, 2007, p. 1.

② F. I. Michelman, "Morality, Identity and 'Constitutional Patriotism'", *Ratio Juris*, vol. 14, no. 3, 2001, p. 254.

找共同生活的公平条件"①，"更加具体地说，公民使自己忠诚于处在宪法核心的规范和价值，即宪法基本要素，特别是被认为产生合法之法的公平的和民主的程序"②。在后面的论述中，作者进一步简化为"普遍的道德规范""普遍的规范和价值"。③ 我认为米勒对"宪法观念"的上述论述存在着内在的不一致，"个体彼此视为自由且平等的，并寻找共同生活的公平条件"这个观念不能被简化为"普遍的道德规范"或"普遍的规范和价值"，我将在下面论述这个内在的不一致，以及这个不一致对我们理解宪法爱国主义的影响。在这之前，先看看为什么米勒认为宪法爱国主义的对象不是具体的宪法或国家，而必须是宪法观念。

　　这就要从宪法爱国主义在自由主义政治理论中的位置说起了。米勒一再强调，宪法爱国主义不是一种独立的理论，它在规范上依附于一种正义理论，具体到他的宪法爱国主义，所依附的正义理论便是罗尔斯的自由主义的正义论。米歇尔曼认为，哈贝马斯和罗尔斯等具有

① Jan-Werner Müller, *Constitutional Patriotism*, Princeton University Press, 2007, p. 52. 类似的表述参见第 54、55、58 页。

② Jan-Werner Müller, *Constitutional Patriotism*, Princeton University Press, 2007, p. 58.

③ Jan-Werner Müller, *Constitutional Patriotism*, Princeton University Press, 2007, pp. 58 - 59.

自由主义思想倾向的政治理论可以概括为下面这种宪法
契约论式的政治论证模式：

> 当强制性政治权力的具体实施得到一组宪法基
> 本要素（宪法基要主义）的确认之时，它就是正当
> 的，而这组宪法基本要素则是每一个人都可以确认
> 的，是所有利害相关之人都有理由根据他或她的利
> 益来加以接受的（理性普遍主义）——假如他或她
> 把自己视作是假定为自由且平等的共处的伙伴群体
> 当中的一分子的话，在这个群体中，大家都受到一
> 种道德动机的压力，要求对他们必须共享的社会空
> 间里进行协作的公平条款达成一致（道德回
> 应主义）。[①]

在这个由"宪法基要主义""理性普遍主义"和
"道德回应主义"构成的自由主义政治论证中，宪法爱
国主义就处在道德回应主义这个环节上，它要解决的问
题是为假定为自由且平等的公民在共享的社会空间寻找
共同生活的公平条件提供道德动机，也就是说，是什么

---

① F. I. Michelman, "Morality, Identity and 'Constitutional Patriotism'",
Ratio Juris, vol. 14, no. 3, 2001, p. 261.

力量使得他们把彼此看作是自由且平等的，并愿意一起寻找公平生活的条件？答案是一种非强制的内在的道德动机，并以宪法爱国主义的方式表现出来。换句话说，宪法爱国主义为自由民主的立宪政体的建立和维持提供一种情感支撑，没有这种情感的支撑，自由民主的立宪政体根本就是"水中月、镜中花"，一个空中楼阁。① 因此米勒说："宪法爱国主义概念化了公民为维持一种特殊形式的政治规则而需要的信念和态度。"② 这也解释了米勒所谓的宪法爱国主义的一种功用："使一种公正的立宪政体成为可能并维持这种政体。"③

　　这里出现了两个问题：其一，道德动机从何而来呢？是什么赋予个体此种道德动机？其二，道德动机是普遍一致的，还是不同民族、不同国家各有各的不同？要回答这个问题，我们需要先回到米勒对德国宪法爱国主义的观察。米勒注意到大屠杀的历史在德国宪法爱国主义形成中所起到的重要作用，正是大屠杀的"记忆打

---

① P. Markell, "Making Affect Safe for Democracy? On 'Constitutional Patriotism'", *Political Theory*, vol. 28, no. 1, 2000, pp. 38-63.

② Jan-Werner Müller, *Constitutional Patriotism*, Princeton University Press, 2007, p. 51.

③ Jan-Werner Müller, *Constitutional Patriotism*, Princeton University Press, 2007, p. 58.

开了一种动机力量，补充了处在宪法核心的普遍主义的规范"①。米勒在这里一箭双雕，不仅强调了道德动机来源于特殊的道德灾难，同时也强调了道德动机的特殊性，不同民族或国家可能具有不同的道德动机，而正是这种道德动机的特殊性，划定了宪法爱国主义的边界，使得宪法爱国主义不至于走向他所拒斥的玛莎·纳斯鲍姆的世界大同主义，② 虽然哈贝马斯并没有明确反对这种可能性。③ "在特殊的过去和试图在征服过去的努力中实现普遍价值的共同经历所塑造的特殊境遇中，普遍的价值得到了具体化。"④ 正是在这样的观察下，米勒在他的超越德国语境的一般性宪法爱国主义论述中强调，宪法爱国主义实际上由两部分组成：作为核心的宪法基本要素，即普遍的规范和价值；作为特殊性补充

---

① Jan-Werner Müller, *Constitutional Patriotism*, Princeton University Press, 2007, p. 34.

② Jan-Werner Müller, *Constitutional Patriotism*, Princeton University Press, 2007, pp. 1 - 2, 68 - 69.

③ M. Rosenfeld, "Habermas's Call for Cosmopolitan Constitutional Patriotism in an Age of Global Terror: A Pluralist Appraisal", *Constellations*, vol. 14, no. 2, 2007, pp. 159 - 181.

④ Jan-Werner Müller, *Constitutional Patriotism*, Princeton University Press, 2007, pp. 36 - 37.

的宪法文化。① 这里需要注意的是宪法观念和宪法文化的关系，从米勒的论述中看，宪法文化是外在于宪法观念的，但却作为一种特殊性补充内在于宪法爱国主义之中，这个虽然不一定正确但却很巧妙的处理或许是我们理解米勒的宪法爱国主义的一个切入口。米勒以战后德国围绕大屠杀的公共讨论所形成的政治文化作为德国宪法爱国主义的动力装置，从而从德国的特殊性中抽象出一种普遍主义的形式，并以宪法文化一言以蔽之。米勒认为："表征宪法文化的对话与异议的种类必然与特殊的民族的和历史的境遇相联系，这些境遇进入到公民对宪法和可能出现的合情合理的异议形式的判断中。但

① 米勒认为，他所谓的"宪法文化"类似于"宪法认同"，但又不尽相同。"宪法认同表现出一种静态的画面，倾向于聚焦在现实的成文的文件上，……而宪法文化指向这样的事实，即我们应该将成员之间共享的符号、仪式和礼仪纳入其中，敬重诸如宪法法院这样的制度，它们与宪法基本要素相联系，并且至少部分地表达了宪法基本要素。但是，也可能存在一些更抽象的东西——诸如导控一种以公开的和文明的方式进行的论辩的特殊实践——它们可以被用来表征宪法文化；此种位置下的实践还需要获得宪法爱国者的支持。"参见 Jan-Werner Müller, *Constitutional Patriotism*, Princeton University Press, 2007, pp. 56 – 57. 有关宪法认同（constitutional identity）或宪法信仰（constitutional faith），最系统的讨论可参见 S. Levinson, *Constitutional Faith*, Princeton University Press, 1988；简短的介绍亦可参见 B. R. Barber, "Constitutional Faith", in Martha C. Nussbaum, *For Love of Country: A New Democracy Forum on the Limits of Patriotism*, Beacon Press, 2002, pp. 30 – 37.

是，宪法中的规范反过来也会改变公民看待他们自己遭遇到的自己的传统以及本地的、区域的和民族的文化的方式。我们可以说，宪法文化居间于普遍规范和特殊境遇。"① 规范是相同的，境遇是差异的，因此宪法文化的不同取决于境遇的不同。不同的境遇，也就是不同的民族的或区域的传统与文化，决定了不同的宪法文化，进而决定了不同的宪法爱国主义。这不仅意味着道德动机来自（或部分来自）不同的民族传统与文化，而且意味着不同的传统与文化划定了宪法爱国主义的边界。归根结底，真正决定宪法爱国主义品性的，依然是不同的民族传统与文化，普遍性消隐在特殊性之中了。德国的历史与文化决定了德国的宪法文化，进而决定了德国的宪法爱国主义；美国的历史与文化决定了美国的宪法文化，进而决定了美国的宪法爱国主义。事实果真如此吗？至少米歇尔曼这么认为，他说："事实上，哈贝马斯们的宪法爱国主义是一种反事实的宪法观念和经验性的共同体情感的混合物。在共同体对反事实的观念的有意识的归依的激发下，它存在于对共同体的归依情感的

---

① Jan-Werner Müller, *Constitutional Patriotism*, Princeton University Press, 2007, p. 59.

有意识的共享中。"① 就连哈贝马斯也承认："事实上，宪法爱国主义与这些原则的连接必须被与这些原则相融的文化传统的遗产所滋养。"② 这相当于承认了宪法爱国主义必然根植于具体的历史与文化传统中。这也难怪西阿伦·克罗宁认为，哈贝马斯所谓的后民族认同，其实根本不是"后民族的"，只是"后民族主义者的"③。这一点米勒也承认，与其说哈贝马斯的集体认同是后传统的，不如说是后传统主义者的。④ 从这个意义上讲，宪法爱国主义不但不是超民族的或后民族的，反而只能是某个民族的宪法爱国主义。

米勒当然不会同意这种解读，他会说：我的宪法文化有着特殊的含义，它不是静态的文化，而是批判性的、反思性的、开放的、动态的，其反思和论争的对象不仅包括它置身其中的民族的历史与文化，而且包括普遍的规范和价值，宪法爱国主义也会根据宪法文化的新

---

① F. I. Michelman, "Morality, Identity and 'Constitutional Patriotism'", *Ratio Juris*, vol. 14, no. 3, 2001, p. 254.

② J. Habermas, *The Inclusion of the Other*, MIT Press, 1998, p. 262.

③ C. Cronin, "Democracy and Collective Identity: In Defence of Constitutional Patriotism", *European Journal of Philosophy*, vol. 11, no. 1, 2003, pp. 19 – 21.

④ Jan-Werner Müller, *Constitutional Patriotism*, Princeton University Press, 2007, p. 34.

的发展而不断地被修改和重新界定。① 但无论如何定义宪法文化，都无法改变一个事实，即"宪法文化不但立基于而且渗透于民族的（和亚民族的）经验中，特别是对纷扰的过去、压迫与反抗压迫的叙述中"②。当然，这并不排除民族融合或超越民族的可能性，而作者对欧洲宪法爱国主义的论述也正是建立在这种可能性之上的，但至少从米勒所界定的宪法爱国主义中，我们很难说超民族的宪法文化必然具有比民族的宪法文化更强的力量，或许存在可能性，但并不具有规范上的必然性。

在米勒的论述中，宪法文化既是一种动机生成装置，又是一种划界标准。如果不同的民族历史文化决定着不同的宪法文化，进而决定着不同的宪法爱国主义的话，那么宪法爱国主义的边界确实不能等同于国界，因为一国之内可能存在着多元的民族历史与文化，而不同国家之间可能存在共同的民族历史与文化。果真如此，岂不意味着美国有多少个族群就有多少种宪法爱国主义？而朝鲜和韩国竟然会有共同的宪法爱国主义？米勒可能会说，普遍的价值和规范、宪法文化和具体的民族

---

① Jan-Werner Müller, *Constitutional Patriotism*, Princeton University Press, 2007, pp. 61–63.

② Jan-Werner Müller, *Constitutional Patriotism*, Princeton University Press, 2007, p. 63.

历史文化三者是相互作用、相互影响的，并非具体的民族历史文化决定性地影响着宪法文化的品性，宪法文化本身是通过公共领域的商谈不断生成的，并非固定不变的，欧洲正在生成一种新的宪法文化，这是欧洲宪法爱国主义成为可能的基础。我们暂且承认米勒的说法是正确的，那就意味着宪法文化是不断变动的，宪法爱国主义的边界也是变动的，从此固定的国界消失了，取而代之的是流动的宪法文化的模糊边界，这就是国家在米勒的宪法爱国主义中消失的原因。但我怀疑这不是米勒的全部真实意思，因为我在米勒的论述中，发现了另外一种可能性。

为了阐述这个另外的可能性，需要继续探讨前面遗留下来的那个问题，即米勒对宪法观念的阐释的内在不一致。米勒将宪法观念总结为这样一种观念，即"个体彼此视为自由且平等的，并寻找共同生活的公平条件"，如果将这个观念简化为"普遍的道德规范"或"普遍的规范和价值"，那么宪法观念实际上就是道德观念，宪法就成了一部道德律或自然法，个体完全可以从这个观念中抽离出来。但事实是宪法观念是关于"人"的观念，是关于人如何看待彼此，以及如何共同生活在一起的观念，说白了，是关于人如何组织社会建立国家的观念。即便是比宪法观念更抽象的罗尔斯的正义理论，也是为善好的社会提供基本的组织原则的。"普遍的规范和价值"是宪法观念或宪法的一部分，但并不是全部，不然就没法解释米勒宪法观念中的另一半了："并寻找共同生活的公平条件"。"共同生活"必然意味着组织社会建立国家，当然这个国家并不一定是民族国家，它可能超越历史上已有的任何国家形态，但不管怎么样，都需要组织社会建立国家，对不承认世界大同主义的米勒来说，更是如此。如果宪法观念必然蕴含着组织社会建立国家，那么宪法观念必然也是一种"建国"理论。

为了论证这个判断，我们把话题稍稍扯远点。无论从近代宪法发展的历史还是从宪法规范本身来看，宪法首先是有关"建国"的理论。我们就以大家最耳熟能详的美国宪法为例，美国宪法序言开篇写道："我们美利坚人民，为了建立更加完善的联邦，树立正义，保障国内安宁，提供共同防务，促进公共福利，并使我们自己和后代得享自由的幸福，特为美利坚合众国制定本宪法。"这个精短的序言要表达的核心观念不是什么"普遍的道德规范"或"普遍的规范和价值"，而是"建国"，或者说"重新建国"，换成米勒的话就是"寻找共同生活的公平条件"。当然，这并没有否认宪法观念的另一半："彼此视为自由且平等的。"在宪法制定之前，这部分内容已经存在于各州的宪法和"独立宣言"中了，后来又被"权利法案"（第一至十条修正案）所肯认。将"独立宣言"（第一次建国）和"美国宪法"（第二次建国）合在一起看，所表达的不正是米勒所谓的宪法观念吗？所表达的不正是罗尔斯和哈贝马斯所念兹在兹的自由民主政体的宪法契约式论证吗？作为这部宪法的最经典的阐释文本，《联邦党人文集》通篇阐述的核心观念是"建国"，为什么要建国，如何组建国家。① 我们怎么能说所谓的宪法观念，仅仅是"普遍的道德规范"或"普遍的规范和价值"呢？没错，这些规范和价值构成了宪法的"基本要素"，但宪法同时必须创造这些规范和价值得以被阐释和实践的空间，创造米勒所谓的"特殊性补充"。

纵览世界主要国家的宪法，可以粗略地说，几乎所有的宪法都是围绕着"国家"和"公民"展开的，宪法的核心是"人民创造国家"，这也是宪法之所以为根本大法的最根本的原因，因为人民通过宪法创造了自我（公民），同时创造了自我生存的空间（国家）。以我们国家的宪法为例，宪法序言所表述的核心观念或宪法以法律形式确认的中国各族人民奋斗的成果，正是中国各

---

① 参见汉密尔顿等：《联邦党人文集》，程逢如等译，商务印书馆1980年版。

族人民创造了中华人民共和国，同时也完成了公民身份的自我创造。宪法正文以条文的形式将人民的自我创造（公民）和人民创造国家具体化，将序言中的诗性表达具体化为法律语言。米勒的宪法观念如果真的要简化，也应该简化为"人民创造国家"，这样不但更具有包容性，而且本身也是动态的，"人民创造国家"并非立宪时刻一次性完成的，而是一个永恒的过程，我认为这才是真正的宪法观念。不过此处只能点到为止，无法展开论述，还是让我们回到米勒的宪法观念上。

米勒虽然片面地将宪法观念具体化为"抽象的规范和价值"，但并不意味着这是他对宪法观念的全部理解，他对宪法观念的理解显然超出了"抽象的规范和价值"，只不过他以隐蔽的方式来处理他的另一半理解，也就是宪法观念的另一半。下面就让我将米勒隐藏在论述中的宪法观念的另一半展示出来："至少在某种程度上，宪法爱国主义不得不依赖已经存在的政治体"[1]，"宪法爱国主义为实践……'集体的伦理自我澄清'提供了一种语言"[2]，"宪法爱国主义必然求助于特殊的、或多或少

---

[1] Jan-Werner Müller, *Constitutional Patriotism*, Princeton University Press, 2007, p. 48.

[2] Jan-Werner Müller, *Constitutional Patriotism*, Princeton University Press, 2007, pp. 50 – 51.

界限清楚的政治联合体。它的立足点是特殊的、已然存在的政治结构"①，"宪法爱国主义将为少数群体提供真正的道德动机来维护整个立宪政体"②，"宪法爱国主义部分地解释了立宪政体长期稳定的原因——它为共享的规范的框架内的政治质疑和论争提供了共同的语言或模式"③，"宪法爱国主义的目的是……使一种公正的立宪政体成为可能并维持这种政体"④，"宪法爱国主义……将现存的有边界的政治空间看作是理所当然的"⑤。这些只是米勒在《宪法爱国主义》第二章中明确提到的，其他章节中明确提到的或没有明确提到但可以从上下文推断的，这里都没有引述。我大量引用这些论述，想要说明的是，米勒以不同的方式来处理宪法观念的不同部分，他将"普遍的规范和价值"拿到台面上，作为宪法爱国主义的核心，而将有关国家的部分隐蔽地分散到论

① Jan-Werner Müller, *Constitutional Patriotism*, Princeton University Press, 2007, p. 53.

② Jan-Werner Müller, *Constitutional Patriotism*, Princeton University Press, 2007, p. 55.

③ Jan-Werner Müller, *Constitutional Patriotism*, Princeton University Press, 2007, p. 56.

④ Jan-Werner Müller, *Constitutional Patriotism*, Princeton University Press, 2007, p. 58.

⑤ Jan-Werner Müller, *Constitutional Patriotism*, Princeton University Press, 2007, p. 68.

述的不同角落里，并用宪法文化作为烟幕弹，遮蔽宪法爱国主义中的国家要素。

　　米勒为什么要这么做呢？首先，这是自由主义政治理论的通病，由于其对普遍性的内在追求，自由主义政治理论本身无法处理特殊性问题，它无法在自己的理论内部为自己划定边界，它的边界需要由外部的因素来决定，这也就是米勒最终诉诸宪法文化并进一步将宪法文化扎根于民族历史文化中的部分原因。其次，宪法爱国主义经常遭受的一个批评是："宪法爱国主义事实上是'国家民族主义'的一种形式，因此，它将复制与民族主义普遍相连的问题。"① 米勒已经通过宪法文化将宪法爱国主义与民族历史文化联系起来了，如果他再引入国家的概念，那他很难来回应这样的批评。因此他把国家仅仅当作宪法爱国主义在实践中遇到的现实，是外在于宪法爱国主义本身的，绝不在宪法爱国主义中为国家预留任何规范位置。再次，任何现有的宪法都是不完美的宪法，也永远不可能是完美的宪法，如果对宪法爱国主义作实证主义的解读，把现行的宪法看作其认同的对象，那么宪法爱国主义不但确实会有"国家民族主义"

━━━━━━━━━━━━━━━━

① Jan-Werner Müller, *Constitutional Patriotism*, Princeton University Press, 2007, p. 75.

之嫌，而且丧失了其超越性的批判力，纯粹沦为稳固现行立宪政体的工具。这正是米勒对斯登贝格的批评。当然，即便在这种情况下，宪法爱国主义仍然有内在的批判力，因为它仍然包含着普遍性的规范和价值，但其普遍性和批判力已经打了折扣。米勒认为，宪法爱国主义的功用是双重的，它不仅有助于立宪政体的稳定，同时也是公民异议甚至公民不服从的基础，在多元社会，它也为少数群体提供了对抗多数人决定的"善好的、规范的理由"，[1] 而对这一切，一个完美的宪法观念或许比具体的宪法条文更具批判力量。最后，欧洲政治一体化是作者思考宪法爱国主义的现实背景和关怀，甚至可以说是具体的指向，由于处在宪法爱国主义核心的规范和价值的普遍性，它有助于"超民族的规范建构"，"跨越国家边界的更加复杂的政治与道德连接"[2]，同时由于"承认宪法文化之间正当的差别"[3]，它又不会坠落到世界大同主义里，这样的论述，很难让人相信不是针对欧盟说的。如果作者在宪法爱国主义中引入国家概念，那么在

---

① Jan-Werner Müller, *Constitutional Patriotism*, Princeton University Press, 2007, p. 56.

② Jan-Werner Müller, *Constitutional Patriotism*, Princeton University Press, 2007, p. 68.

③ Ibid.

他的论说中就很难说明为什么欧盟各国的宪法爱国主义具有超越各国边界而形成欧洲宪法爱国主义的力量。

我们完全可以理解米勒上述的苦衷，但同情的理解无助于解决其论述中的内在冲突：一方面，他用宪法文化的特殊性来划定宪法爱国主义的边界；另一方面，他又强调宪法爱国主义依赖于"特殊的、已然存在的政治结构"。如果两者的边界是一致的，那么这个冲突自然化解了，但米勒不会承认两者的边界是必然一致的，否则欧洲宪法爱国主义根本就无从谈起了；如果他舍弃其中一个，这个冲突也能化解，但他又无法舍弃其中任何一个。如果舍弃宪法文化，那么又回到斯登贝格那里，完全成为"保护性的宪法爱国主义"。如果舍弃"特殊的、已然存在的政治结构"，那么一方面他无法解释为什么现有的宪法爱国主义都是以国界为边界的，即便国内存在着多元文化；另一方面很有可能滑向分裂主义，如加拿大魁北克的情况。这是米勒遇到的难题，他没有明确的解决办法，也不可能解决，所以只能用论述上的技巧来掩盖内在的冲突。

宪法文化和"特殊的、已然存在的政治结构"之间的冲突并不是必然的，是米勒的理论立场和现实关怀决定了它们之间的冲突，而非它们本质上就是相互冲突的。问题的根本出现在米勒对宪法文化的阐述上，在米歇尔曼的论述中，宪法文化作为一种伦理，仅仅提供道德动机，[①] 而米勒同时用宪法文化来划界，所以在米歇尔曼那里就不存在这样的冲突，宪法爱国主义必然是以国界为边界的，也就是说以宪法的边界为边界的，而米勒就要面对这个潜在的冲突问题了。

四、作为建国理论的宪法爱国主义

上面的论述已然表明，宪法爱国主义不但不是没有国家的爱国主义，而且其本身就是一种"建国"理论，它为立宪民主国家提供一种稳定的道德动机，甚至可以说，没有宪法爱国主义，就不可能存在着稳定的立宪民主政体。斯登贝格的宪法爱国主义是一种保护立宪民主国家的理论，是一种"护国"理论；而哈贝马斯和米勒的宪法爱国主义是一种建构后民族国家或者说多民族国家的理论，是一种"建国"理论。为什么这么说呢？

首先，最为明显的理由是整个宪法爱国主义的历史都是围绕着建国展开的：德国宪法爱国主义的主题如何在战后德国遭遇的困境中建构立宪民主国家，以对抗民

① F. I. Michelman, "Morality, Identity and 'Constitutional Patriotism'", *Ratio Juris*, vol. 14, no. 3, 2001, pp. 267–271.

族主义可能具有的野蛮性；欧洲宪法爱国主义的主题如何建构后民族的或者说多民族的立宪民主国家，以超越民族国家的封闭性，在现有主权国家基础上，建构像美国那样的多民族共存的联邦国家。哈贝马斯毫不避讳地承认，美国就是欧盟的模板。表面上看，从德国宪法爱国主义到欧洲宪法爱国主义有一个主题的变换，即从以国家为核心的爱国主义到以宪法为核心的爱国主义，但这个主题变换只是论述策略上的变换，其本质还是一样的。上面的论述已经表明，宪法观念的核心是"人民创造国家"，即建国。

其次，从宪法爱国主义在自由主义政治理论中的地位来看，其功用是为假定为自由且平等的公民寻求共同生活的公平条件提供道德动机，解释了为什么自由主义政治理论中原子化的公民会有共同生活的意愿以及遵守共同生活的公平条件的意愿，也就是说，将一盘散沙的原子化的个体凝聚起来的力量，正是宪法爱国主义。诚如查尔斯·泰勒所言，在现代社会，如果没有爱国主义，我们什么也做不了，因为脱离了传统束缚的现代社会需要更强的认同感和动员力。① 宪法爱国主义提供了

① C. Taylor, "Why Democracy Needs Patriotism", in Martha C. Nussbaum, *For Love of Country: A New Democracy Forum on the Limits of Patriotism*, Beacon Press, 2002, pp. 119 - 121.

建立以及维系立宪民主国家的动力机制和情感基础。如果说民族国家需要的是一种民族主义的爱国主义，那么立宪民主国家需要的就是宪法爱国主义。当然，在当今世界，民族国家大多采取共和政体模式，同时表现为立宪民主国家，民族主义的爱国主义经过宪法的驯化，已然蜕变为一种宪法爱国主义。

再次，虽然哈贝马斯和米勒将宪法爱国主义的对象从国家转移到宪法，并强调不是具体的宪法而是宪法观念，但是，宪法和宪法观念虽然在理论论述上可以区分，但在实践中不可能存在着没有具体宪法指向的宪法观念。很难想象美国人具有一种和美国宪法没有关系的宪法观念，并将其视为自己认同的对象。[1] 除了学者在书本上讨论的宪法观念，任何宪法观念都必然以某部宪法为基础，并在宪法实践中逐步培育出，这样才可以解释为什么美国人、加拿大人、英国人、法国人和德国人会有不同的宪法观念，因为他们有不同的宪法文本、不同的宪法历史以及不同的宪法实践。一种与具体宪法分离的宪法观念在理论上可以成立，但在实践中绝无容身之地。

---

[1] B. R. Barber, "Constitutional Faith", in Martha C. Nussbaum, *For Love of Country: A New Democracy Forum on the Limits of Patriotism*, Beacon Press, 2002, pp. 30–37.

最后，所谓的宪法文化，必然首先是某个国家的宪法文化，然后才可能是某个区域甚至是全球的宪法文化，因为宪法文化的生成机制——宪法实践、公共领域的宪法商谈——主要在一个国家内部发生。如果真的存在欧盟宪法文化，那也是因为已经有了欧盟这样一个框架和欧盟的宪法实践，所以才会培育出欧盟的宪法文化，不然为什么只存在欧盟的宪法文化，而不存在非盟的宪法文化和东盟的宪法文化？因为后两者没有共同的宪法实践，自然无法培育出相应的宪法文化。如果没有欧盟现有的政治结构，米勒根本无法解释为什么民族同质性更强、公共商谈更自由紧密的德国或法国或欧盟其他国家，竟然能够培育出超越自己国家的宪法文化，而且这种超国家的宪法文化竟然要主张比本国宪法文化更强的力量。

所有这些都是为了说明一个问题，即宪法爱国主义不但不是没有国家的爱国主义，反而必然是以国家为核心的爱国主义。宪法爱国主义的功用在于为立宪民主国家提供稳定的情感基础，同时规范化传统的爱国主义，尤其是民族主义的爱国主义，使得传统的爱国主义容易带来的"道德危险"在宪法爱国主义的规范框架内得到消解。我们需要回到现代国家本身来理解宪法爱国主义，不要被哈贝马斯有着特殊指向（欧洲政治一体化）

的宪法爱国主义带入迷途。现代国家同时表现出民族国家与共和国这两种面相，但无论哪种面向，最后都要具体化为一种法权安排，并在这种法权结构安排中实现融合。因此可以说，无论民族国家还是共和国，最终都要以立宪民主国家的模式呈现出来，而使得这种立宪民主国家成为可能并稳定维持下去的精神因素，正是宪法爱国主义，一种古典共和爱国主义的现代表达。由此可以说，任何稳定成熟的立宪民主国家，甚至正在形成中的立宪民主国家，都必然存在着宪法爱国主义，只不过并不必然以这个名词表达出来，美国人引以为豪的宪法信仰（constitutional faith），只不过是宪法爱国主义的美国表达方式而已。斯登贝格的"保护性"宪法爱国主义和哈贝马斯以及米勒的"建构性"宪法爱国主义并没有什么本质上的差别，只不过是立宪民主国家在不同境遇下的不同诉求而已，但不管怎么样，宪法爱国主义必然是以立宪民主国家作为思考核心的，否则国家都没了，还爱什么呢！

主要参考文献

爱德华·S. 考文：《美国宪法的"高级法"背景》，强世功译，生活·读书·新知三联书店 1996 年版。

爱弥尔·涂尔干：《孟德斯鸠与卢梭》，李鲁宁等译，上海人民出版社 2003 年版。

邦雅曼·贡斯当：《古代人的自由与现代人的自由》，阎克文、刘满贵译，上海人民出版社 2003 年版。

博登海默：《法理学：法律哲学与法律方法》，邓正来译，中国政法大学出版社 2017 年版。

柏拉图：《理想国》，郭斌和、张竹明译，商务印书馆 1986 年版。

柏拉图：《理想国》，王扬译注，华夏出版社 2012 年版。

陈端洪：《宪治与主权》，法律出版社 2007 年版。

陈志让：《军绅政权——近代中国的军阀时期》，广西师范大学出版社 2008 年版。

丹尼斯·劳埃德：《法理学》，许章润译，法律出版社 2007 年版。

迪特儿·格林：《现代宪法的诞生、运作和前景》，刘刚译，法律出版社 2010 年版。

菲利普·佩迪特：《共和主义：一种关于自由与政府的理论》，刘训练译，江苏人民出版社 2006 年版。

弗朗索瓦·基佐：《欧洲代议制政府的历史起源》，张清津、袁淑娟译，复旦大学出版社 2008 年版。

弗里德里希·梅尼克：《历史主义的兴起》，陆月宏译，译林出版社 2009 年版。

弗里德里希·卡尔·冯·萨维尼：《论立法与法学的当代使命》，许章润译，中国法制出版社 2001 年版。

弗里德里希·卡尔·冯·萨维尼：《萨维尼法学方法论讲义与格林笔记》，杨代雄译，法律出版社 2008 年版。

高全喜：《现代政制五论》，法律出版社 2008 年版。

戈登·伍德：《美利坚共和国的缔造：1776—1787》，朱妍兰译，译林出版社 2016 年版。

戈登·伍德：《美国革命的激进主义》，傅国英译，北京大学出版社 1997 年版。

G. R. F. 费拉里编：《柏拉图〈理想国〉剑桥指南》，陈高华等译，北京大学出版社 2013 年版。

汉密尔顿等：《联邦党人文集》，程逢如等译，商务印书馆 1980 年版。

汉密尔顿等：《联邦论》，尹宣译，译林出版社 2010 年版。

汉娜·阿伦特：《论革命》，陈周旺译，译林出版社 2007 年版。

亨利·梅因：《古代法》，沈景一译，商务印书馆 1997 年版。

J. M. 凯利：《西方法律思想简史》，王笑红译，法律出版社 2002 年版。

卡尔·J. 弗里德里希：《超验正义——宪政的宗教之维》，周勇、王丽芝译，生活·读书·新知三联书店 1997 年版。

施米特：《宪法学说》，刘锋译，上海人民出版社 2005 年版。

施米特：《政治的概念》，刘小枫编，刘宗坤译，上海人民出版社 2003 年版。

施米特：《宪法的守护者》，李君韬、苏慧婕译，商务印书馆 2008 年版。

劳伦斯·却伯：《看不见的宪法》，田雷译，法律出版社 2011 年版。

雷蒙德·瓦克斯：《读懂法理学》，杨天江译，广西师范大学出版社 2016 年版。

林来梵：《从宪法规范到规范宪法》，法律出版社 2001 年版。

龙卫球：《民法总论》，中国法制出版社 2002 年版。

卢梭：《社会契约论》，何兆武译，商务印书馆 1980 年版。

路易·阿尔都塞：《政治与历史：从马基雅维利到马克思》，吴子枫译，西北大学出版社 2018 年版。

路易·戴格拉夫：《孟德斯鸠传》，许明龙、赵克非译，浙江大学出版社 2016 年版。

罗伯特·达尔：《美国宪法的民主批判》，佟德志译，东方出版社 2007 年版。

洛克：《政府论》（下篇），叶启芳、瞿菊农译，商务印书馆 1996 年版。

马尔蒂诺：《罗马政制史》，薛军译，北京大学出版社 2009 年版。

马克·戈尔迪、罗伯特·沃克勒主编：《剑桥十八世纪政治思想史》，刘北成译，商务印书馆 2017 年版。

孟德斯鸠：《论法的精神》，许明龙译，商务印书馆 2016 年版。

孟德斯鸠：《罗马盛衰原因论》，婉玲译，商务印书馆 1962 年版。

密尔：《代议制政府》，汪瑄译，商务印书馆 1982 年版。

M. J. C. 维尔：《宪政与分权》，苏力译，生活·读书·新知三联书店 1997 年版。

尼柯尔斯：《苏格拉底与政治共同体》，王双洪译，华夏出版社 2007 年版。

尼科洛·马基雅维里：《论李维》，冯克利译，上海人民出版社 2005 年版。

诺伯托·博比奥、莫里奇奥·维罗里：《共和的理念》，杨立峰译，吉林出版集团有限公司 2009 年版。

乔万尼·萨托利：《民主新论》，冯克利、阎克文译，上海人民出版社 2009 年版。

乔治·索雷尔：《论暴力》，乐启良译，上海人民出版社 2005 年版。

让·博丹：《主权论》，李卫海、钱俊文译，北京大学出版社

2008 年版。

斯科特·戈登：《控制国家——西方宪政的历史》，应奇等译，江苏人民出版社 2001 年版。

托马斯·L. 潘戈：《孟德斯鸠的自由主义哲学》，胡兴建、郑凡译，华夏出版社 2016 年版。

托马斯·霍布斯：《利维坦》，黎思复、黎廷弼译，商务印书馆 1997 年版。

托马斯·潘恩：《潘恩选集》，马清槐译，商务印书馆 1981 年版。

托马斯·潘恩：《常识》，何实译，华夏出版社 2004 年版。

王绍光：《民主四讲》，生活·读书·新知三联书店 2008 年版。

王玉峰：《城邦的正义与灵魂的正义——对柏拉图〈理想国〉的一种批判性分析》，北京大学出版社 2009 年版。

韦恩·莫里森：《法理学：从古希腊到后现代》，李桂林等译，武汉大学出版社 2003 年版。

西塞罗：《国家篇 法律篇》，沈叔平、苏力译，商务印书馆 2002 年版。

西耶斯：《论特权 第三等级是什么?》，冯棠译，商务印书馆 2004 年版。

先刚：《柏拉图的本原学说——基于未成文学说和对话录的研究》，生活·读书·新知三联书店 2014 年版。

许崇德：《中国宪法》第三版，中国人民大学出版社 2006 年版。

亚里士多德：《政治学》，吴寿彭译，商务印书馆 1965 年版。

扬-维尔纳·米勒：《另一个国度：德国知识分子、两德统一及民族认同》，马俊、谢青译，新星出版社 2008 年版。

于尔根·哈贝马斯：《后民族结构》，曹卫东译，上海人民出版社 2002 年版。

于尔根·哈贝马斯：《包容他者》，曹卫东译，上海人民出版社 2002 年版。

于尔根·哈贝马斯：《在事实与规范之间——关于法律和民主法治国的商谈理论》，童世骏译，生活·读书·新知三联书店 2003 年版。

约翰·罗尔斯：《正义论》，何怀宏等译，中国社会科学出版社 1988 年版。

詹姆士·哈林顿：《大洋国》，何新译，商务印书馆 1963 年版。

Annas, J., *Platonic Ethics, Old and New*, Cornell University Press, 1999.

Ferrari, G. R. F., *City and Soul in Plato's Republic*, Sankt Augustin, 2003.

Habermas, J., *The Inclusion of the Other*, MIT Press, 1998.

Habermas, J., *The New Conservatism*: *Cultural Criticism and the Historian's Debate*, MIT Press, 1989.

Maier, C. S., *The Unmasterable Past*: *History, Holocaust and German National Identity*, Harvard University Press, 1997.

Manin, Bernard, *The Principles of Representative Government*, Cambridge University Press, 1997.

Miller, Franklin G. and Alan Wertheimer (eds.), *The Ethics of Consent*: *Theory and Practice*, Oxford University Press, 2010.

Morgan, E. S., *Inventing the People*: *The Rise of Popular Sovereignty in England and America*, W. W. Norton & Company, 1988.

Müller, Jan-Werner, *Constitutional Patriotism*, Princeton University Press, 2007.

Nussbaum, Martha C., *For Love of Country*: *A New Democracy Forum on the Limits of Patriotism*, Beacon Press, 2002.

Wood, G. S., *The Creation of the American Republic 1776 – 1787*, W. W. Norton & Company, 1969.

后 记

本书是我另一本书（《从〈共同纲领〉到"八二宪法"》，九州出版社 2021 年版）的姊妹篇。本书讨论公法的法理学，另一本书讨论法理学的公法，两本书构成一个整体，是我过去十年对同一个问题思考的结果，这个问题就是：从革命中诞生的现代中国如何从政治共同体落实为法律共同体。

这个思考基于法学历史主义的立场，从两个层面展开：一方面是制度展开的历史，这是政治关系法律化的实践历程，同时构成过渡时期的基本法；另一方面是制度所涉及的规范主义，它被置于思想谱系的历史中来探讨，因此是历史的规范主义，尽量避免任何"左"与"右"的规范教条主义。本书正是在这个层面上，梳理"法律化"的不同维度，同时探讨基本法的规范立场，当然是历史主义的规范立场。

本书各篇写于不同时期，除了围绕同一关切展开之外，还贯穿同一视角，那就是"大立法者"的视角。

2014年《历史法学》编辑部召开"立法者"研讨会，促使这一视角从自发转化为自觉。在这前后，我花了三年的时间，和学生一起阅读詹姆斯·麦迪逊的《辩论》，之后做了一次大立法者的思想实验。所谓大立法者，有别于议会中的现实立法者，他们不是在既有的法律体系中立法，而是思考法律体系本身的建构，是新秩序的创造者。正是在这个意义上，柏拉图、孟德斯鸠、萨维尼、阿伦特、哈贝马斯等等，都是人类历史上的大立法者。"大立法者"也有别于大思想家，大思想家可以天马行空神游八极，但"大立法者"必须俯身于大地之上，将思想建构为可行的新秩序。

　　要感谢的人很多，但鉴于在此无法感谢我最想感谢的人，我就只能抽象地感谢所有应该感谢的人，如果你感受到了，你就属于我要感谢的那一位。不过我还是要具体地感谢商务印书馆南京分馆的白中林先生和王静编辑，没有他们的付出，本书就没有与大家见面的机会。

2020 年 4 月 29 日

于小月河畔花虎沟

图书在版编目(CIP)数据

公法的法理学 / 翟志勇著. —北京：商务印书馆，2021.7（2021.9重印）
ISBN 978-7-100-19974-2

Ⅰ.①公… Ⅱ.①翟… Ⅲ.①公法—法理学—研究
Ⅳ.①D90

中国版本图书馆 CIP 数据核字（2021）第 102026 号

公法的法理学

翟志勇　著

商　务　印　书　馆　出　版
（北京王府井大街36号　邮政编码 100710）
商　务　印　书　馆　发　行
南京新洲印刷有限公司印刷
ISBN　978-7-100-19974-2

2021 年 7 月第 1 版　　　开本 787×1092　1/32
2021 年 9 月第 2 次印刷　　印张 9⅛

定价：58.00元